BPM EM CRÔNICAS

Descubra ideias
simples que geram
melhores resultados
em seus processos

BRUNO PALVARINI

BPM em crônicas

Descubra ideias simples que geram melhores resultados
em seus processos

BRUNO PALVARINI

Antes de começar a ler este livro…

… clique ou vá até https://mailchi.mp/ba14424cca8a/ criatividade e baixe **GRATUITAMENTE** sua cópia do mini e-book *"5 Histórias Criativas"*, de Bruno Palvarini

Introdução

Sou fã de cinema, música, matemática e futebol desde que me conheço por gente - para mim, são expressões artísticas que nos ajudam a compreender melhor o mundo em que vivemos e a tomarmos melhores decisões. Assim como é a gestão de processos - ou BPM (*Business Process Management*).

Este livro traz histórias que vivi e que são boas metáforas para situações comuns com as quais costumamos nos deparar no dia-a-dia - e a linguagem leve e coloquial em que elas são contadas permite uma reflexão divertida e, ao mesmo tempo, profunda, de aspectos que nos interessam quando atuamos com processos complexos e dinâmicos, como é próprio da interação entre seres humanos.

Diferente de outros livros, este não busca ensiná-lo conceitos teóricos ou procedimentos para implantar projetos de sucesso - mas cada texto contém uma ou mais lições que, certamente, facilitarão a compreensão do contexto em que seus processos estão inseridos e lhe trarão mais confiança para escolher os melhores caminhos para impulsionar seus resultados.

"BPM em Crônicas" irá, no mínimo, fazê-lo relaxar ao conhecer fatos interessantes que presenciei em minha experiência de mais de quinze anos trabalhando com gestão de processos. E com a mente tranquila e aberta, sua criatividade poderá ganhar asas e construir belíssimas soluções de BPM em alinhamento com os seus mais profundos desejos e de seus colaboradores.

Boa leitura!

Sumário

Rick Wakeman e Herbert Simon

Eu era garoto e me lembro de que quando passávamos férias no Rio gostava de fuçar a coleção de discos de vinil de meu padrinho no apartamento em que ficávamos. Foi lá que vi pela primeira vez a figura cabeluda de Rick Wakeman, tecladista roqueiro de várias fases do grupo progressivo Yes e famoso por suas experimentações em álbuns como "Viagem ao Centro da Terra" e "As Seis Esposas de Henrique VIII".

Anos depois passei a curtir um pouco mais a música da banda – já eram tempos de Joe Anderson e Vangelis -, mas aí Wakeman já não mais fazia parte do conjunto. Fui revê-lo em uma divertida entrevista dada ao Jô Soares, na qual ele confessava ser um apaixonado pelo futebol:

- Torço para o Brentford, um time da segunda divisão inglesa - é até uma sorte ele estar na segunda divisão! O patrocinador paga o clube para tirar o nome da empresa da camisa!

Ainda que por caminhos tortuosos, a propaganda continua sendo a alma do negócio.

Já havia ouvido falar bastante da fama do economista Herbert Simon, ganhador do "Prêmio de Ciências Econômicas em Memória de Alfred Nobel" no ano de 1978. Em sua ampla contribuição ao conhecimento humano, Simon foi um dos grandes pensadores dos sistemas complexos e sua obra "As ciências do artificial" finalmente caiu em minhas mãos nas férias de 2009.

Dentre técnicas e princípios discutidos no livro, lembro-me da afirmação de Simon de que a complexidade dos grandes sistemas não reside necessariamente na explicação dos seus elementos – para os fins que estamos estudando, é relativamente fácil escolher que parâmetros desejamos observar para que um resultado seja alcançado. A complexidade está nos relacionamentos entre os componentes do sistema, em geral em grande quantidade, com protocolos de comunicação distintos e podendo gerar resultados bastantes diferentes de acordo com o contexto envolvido.

Processos em que seres humanos tomam parte são, por natureza, complexos. Uma das chaves para alcançarmos sucesso ao implementá-los encontra-se na comunicação entre os elementos do sistema, ou seja, entre as pessoas que realizam as partes do trabalho. Muitas vezes ficamos presos à falsa necessidade de representarmos detalhadamente as atividades envolvidas em um processo, esquecendo-nos que a simples divulgação dos resultados pretendidos e da respectiva qualidade necessária pode gerar soluções como, por exemplo, o investimento na retirada do patrocínio pela empresa do time de Rick Wakeman.

A realidade trabalha a nosso favor quando provemos uma boa comunicação entre os participantes do processo.

Uma vez fui convidado para dar uma palestra em um evento de gestão de processos e minha intervenção se deu após um colega falar de sua aventura para concluir sua tese de mestrado. Em suas palavras, o maior problema que ele havia encontrado fora acreditar que um professor residente no exterior possuía um trabalho acadêmico que seria o ponto de partida para a sua dissertação. Tendo apostado todas as suas fichas na obtenção da referência em questão, nosso amigo ficou desapontado ao receber um e-mail do professor dizendo-lhe ter havido alguma confusão, pois o trabalho mencionado sequer existia. Quase em desespero, qual não foi sua alegria ao receber, na semana seguinte, sete trabalhos semelhantes ao que ele esperava, a partir de um simples questionamento enviado pelo professor à sua rede de pesquisadores espalhada pelo mundo?

Por isso foi engraçado vê-lo abrir a sessão de debates fazendo-me a seguinte pergunta:

- Você acredita mesmo que tornar explícitos os valores de um processo pode ajudar-nos a encontrar soluções melhores e mais rápidas para nossos problemas?

Com certeza ele já sabia a resposta.

Futebol e processos

Em 2014, após merecidas férias que incluíram alguns dias no verão alemão, em plena Copa do Mundo, foi bom estar de volta ao Brasil.

Como muitos já devem ter feito, quero usar a máxima que "o futebol é a mais perfeita metáfora para a vida" para comentar o que podemos aprender com ele quando trabalhando com processos.

O primeiro desafio de uma equipe envolvida em um processo - seja ele de negócios, seja no campo esportivo - é definir e qualificar o mais claro possível qual o objetivo que se deseja alcançar. "Vencer a Copa do Mundo" pode ser bastante óbvio para uma seleção que vai disputá-la, mas os requisitos de qualidade associados ao objetivo tendem a tornar seu alcance mais fácil. Por exemplo: podemos querer ganhar jogando ofensivamente, como primeira opção. Podemos ainda querer possuir uma estratégia de marcar o adversário sob pressão em seu campo até retomar a bola. Ou ainda desejar, em todas as partidas, ter maior índice de controle das ações. A lista não se esgota aqui.

Os requisitos que identificamos acima vão ser fundamentais para todas as decisões que deveremos adotar antes do processo começar de verdade. Os tipos de treinamentos a serem realizados, a melhor formação de acordo com o time contra quem jogaremos e a individualização de procedimentos para cada atleta são apenas alguns exemplos do que deve ser considerado ao fazermos a grande "cadeia de valores" de uma seleção empenhada em ser campeã mundial.

As experiências passadas são bastante importantes para darem uma pista do que poderá ocorrer quando estivermos em campo, mas o futebol (assim como todo processo de nossa vida) é altamente dinâmico, e é aí que a coisa geralmente sai do controle - no estádio ou nas organizações. Às vezes não acreditamos que algo que nunca ocorreu pode acontecer e, nesses casos, não estamos preparados para lidar com situações inesperadas. Infelizmente nesses casos, temos pouco tempo para aprender com o momento e mudar o curso do jogo. Müller, Özil e companhia estão aí para nos lembrar...

Ter claros os resultados, desenhar os melhores caminhos para alcançá-los e, principalmente, visualizar condições que podem ocorrer - e suas respectivas ações corretivas - são fundamentais para o sucesso de um processo. Privilegiar a criatividade é tão importante quanto unir as pessoas em torno de um objetivo único, pois a inovação pode ser a válvula de escape que vai nos permitir cumprir os requisitos de qualidade imaginados. Estarmos abertos para aprender constantemente com o contexto e incluir novos conhecimentos naquilo que já julgávamos bom também não faz mal a ninguém. Caso contrário, podemos ficar de "cabeça inchada" por longos períodos.

Ah, só para esclarecer: por sorte, já estava de volta ao Brasil antes da fatídica goleada de sete a um...

O simples e o complexo

A história já é bem manjada, de tanto que a tenho repetido nos últimos anos - mas sempre há a perspectiva de algum leitor ainda não a conhecer. É bastante ilustrativa de algumas decisões que tomamos em nosso dia-a-dia de gestão de processos e que, sem saber, afetam consideravelmente os resultados que alcançamos.

Imagine que você é desafiado pelo seu chefe - assim como o pequeno Carl Friedrich Gauss o foi pelo diretor de sua escola, no fim do século XVIII - a encontrar a soma exata dos números naturais de 1 a 100 (ou seja, o valor de S = 1 + 2 + 3 + ... + 98 + 99 + 100). Para dar mais realidade à situação, imagine que seu chefe lhe dá como "regras do jogo" a impossibilidade de usar calculadoras ou computadores e um tempo máximo para conclusão da operação de apenas 2 minutos.

Se você está muito voltado para tratar processos como meros fluxos operacionais de atividades, pode ser que se assuste com o desafio complexo que terá pela frente e que, sem muito refletir, comece imediatamente a realizar operações de soma dos números, dois a dois, até que o tempo se esgote. Quando o cronômetro zerar, dificilmente você terá conseguido passar perto do resultado correto, haverá uma grande probabilidade de ter cometido erros em seu processo de soma e, quase com certeza, você reclamará absurdamente com seu chefe da exiguidade dos recursos disponíveis.

Pobre você...

Uma outra forma de abordar a questão é seguir o método criado por Gauss quando ele tinha apenas 10 anos de idade(!). Conta a história que quase instantaneamente o genial aluno - a ser um dia chamado de "o príncipe da matemática" - exclamou: 5050!, resultado correto. O que Gauss fez de tão genial para resolver o problema?

Em vez de se lançar de imediato ao trabalho "operacional", ele observou que somas de pares da sequência que se localizavam à mesma distância de seu centro conduziam ao mesmo resultado. Difícil de entender? Explico melhor: se somarmos o primeiro e o último número do conjunto (1 + 100), ou o segundo e o penúltimo número (2 + 99), ou ainda o terceiro e o antepenúltimo número (3 + 98) - e assim, sucessivamente -, iremos sempre encontrar o valor 101. Gauss então verificou que para chegar ao resultado correto, bastaria saber quantos desses pares havia na sequência - e, de forma bastante rápida ele concluiu que tal quantidade era igual à metade do número de elementos do conjunto (50 pares). Assim, com apenas 3 operações algébricas, Gauss chegou à expressão da soma de uma progressão aritmética da forma

$$S_n = (a_1 + a_n) \times \frac{n}{2}$$

, na qual a solução para o problema pode ser facilmente encontrada ao somarmos o primeiro e o último termo da sequência e, em seguida, multiplicarmos o resultado pela metade de elementos existentes.

Tente agora resolver o desafio proposto pelo seu chefe usando a abordagem de Gauss. Ainda é razoável reclamar da falta de recursos (calculadoras, computadores, tempo)?

Repare que a complexidade da situação permaneceu a mesma para as duas formas de resolução do problema - mas que a segunda abordagem traz uma fantástica simplicidade de aplicação (e, ao mesmo tempo, maior efetividade e menor risco de erros durante o processo).

Moral da história: não devemos temer enfrentar problemas complexos, mas devemos fazê-lo com inovação e com as ferramentas adequadas.

Assim como Gauss procedeu para deixar seus contemporâneos boquiabertos...

Uma mente brilhante

Dirigido por Ron Howard em 2001, "Uma mente brilhante" apresenta a versão romanceada da vida do matemático norte-americano John Nash, famoso tanto por sua atribulada relação com a esquizofrenia quanto por suas magníficas contribuições a campos do conhecimento como a Teoria dos Jogos.

Se não sou traído pela memória, há uma cena do filme em que o personagem vivido por Russell Crowe observa o movimento de alguns pombos pela janela de seu quarto e, imediatamente, começa a rabiscar as correspondentes equações no vidro. No fim do filme é mostrada a premiação de Nash com a medalha Nobel de Ciências Econômicas, reconhecendo o valor de sua produção intelectual.

Tenho um amigo que conheceu Nash pessoalmente e participou de algumas iniciativas com ele, até mesmo aqui no Brasil. Segundo ele, o matemático teria feito uma avaliação das premiações que recebeu na vida e, traçando um paralelo com a cena do filme, teria dito algo como:

- Ganhei prêmios importantes, dados por pessoas que compreenderam as equações que explicam o movimento caótico dos pombos. Mas também ganhei prêmios de quem não entendeu nada do que fiz - como se me reconhecessem somente por eu ser dono de um pombo...

Quando trabalhamos com medições de desempenho - por exemplo, quando avaliamos nossos processos e tomamos decisões quanto ao melhor caminho a seguir, ou mesmo quando analisamos os resultados de instituições e as reconhecemos, em ciclos periódicos de prêmios de qualidade -, precisamos ter uma ideia bem clara se o que estamos observando é realmente o que é relevante. Ou ainda, se há relação entre os critérios que damos maior peso com o fenômeno avaliado.

Não é incomum escolhermos aquilo que é mais fácil medir (há uma antiga anedota que diz que preferimos procurar as chaves perdidas de nosso carro não no local onde as esquecemos, mas onde há uma melhor iluminação), ou usarmos critérios ou álgebras inapropriadas ao contexto em que vivemos. O trabalho pode ser exaustivo, até certo ponto gratificante e chegar a apontar alguns aspectos que têm a ver com os resultados pretendidos - mas terá limitações que podem ter grande impacto (e levar a frustrações) em nossas ações.

Cada situação que vivemos é única, por isso é vital usarmos todo o saber armazenado e vivências passadas como grandes referenciais para o que temos de resolver agora - mas devemos orientar nossa visão ao valor a ser gerado pelos nossos processos de trabalho, estar sempre dispostos a sermos surpreendidos com algo que ainda não conhecemos e ter a mente aberta para incorporarmos inovações às nossas referências.

Sob pena de também estarmos enxergando apenas pombos onde há movimento...

"The office"

Fui consultor e, depois, gerente de um escritório central de projetos e processos, no período de 1999 a 2007. Uma das principais características que aquela unidade apresentava era sua orientação à melhoria dos resultados de nossa organização - o próprio nome do escritório ia além dos métodos, técnicas e instrumentos que usávamos: Gerência Nacional de Soluções Empresariais.

Vou comentar um pouco da evolução que experimentamos nos quase oito anos em que atuei naquela unidade.

Em 1999, com a introdução de um novo modelo de gestão voltado a resultados, a abordagem de processos era uma necessidade imperativa em nossa organização. Assim, foi formado um time de trinta consultores internos especializados no tema "gestão de processos", com o objetivo de trabalhar em projetos estratégicos, com atuação conjunta com especialistas das áreas negociais. Explico melhor:

* o escritório fazia parte da estrutura da Presidência da instituição;

* seus consultores eram formados em métodos de gestão de processos, participando dos projetos com tais habilidades e extraindo dos especialistas das unidades negociais as informações relacionadas ao assunto em questão;

* o escritório detinha as licenças de aplicativo de modelagem e simulação de processos, no qual eram registrados os históricos dos projetos realizados;

* o método de melhoria usado nos projetos era composto de etapas de registro da situação atual / apontamento de disfunções / registro da situação otimizada / planejamento da implantação das melhorias / implementação do novo processo.

Com o passar do tempo, o modelo começou a dar tão certo (reconhecimento da linguagem de processos como um auxílio à gestão, novas demandas estratégicas, solicitações de apoio constante do escritório) que... corríamos o risco de ser um gargalo empresarial - e não um centro de soluções.

Foi aí que introduzimos algumas alterações fundamentais no posicionamento e na operação de nossa unidade:

* adquirimos uma ferramenta corporativa de modelagem / simulação / emulação de processos, liberando o acesso a todas as unidades internas e seus funcionários (não éramos mais o gargalo instrumental);

* os consultores passaram a assumir um papel de instrutores no uso das ferramentas e métodos, tendo mais tempo livre para demandas altamente estratégicas e podendo mobilizar um número bem maior de iniciativas de transformação;

* nosso método de gestão de processos foi também atualizado, incluindo requisitos fundamentais à gestão

(como, por exemplo, a representação explícita dos resultados a serem alcançados e a inversão do sentido de construção dos modelos - partindo dos valores finais a serem gerados), a adoção de uma rotina mais simples (registro do modelo que se deseja gerir hoje, em vez dos dois estados do método anterior - o AS-IS e o TO-BE) e a orientação positiva (às soluções ao invés de aos problemas).

Com tais adequações, alguns efeitos indesejados passavam, então, a poder ser combatidos:

- os tempos e custos de projetos eram reduzidos;
- havia a possibilidade de realização de diversos projetos simultâneos, sem a restrição das licenças do aplicativo ou de disponibilidade de consultores;
- todas as pessoas participantes dos processos podiam dar sua contribuição, aumentando a conformidade com a realidade e o comprometimento com os resultados;
- desde o primeiro momento de um projeto seus resultados finais tornavam-se explícitos e qualificados, permitindo o exercício de uma boa gestão - independente dos modelos estarem completamente construídos;
- o novo método permitia uma visão muito mais detalhada da realidade observada, aprimorando a tomada de decisão.

Resumo da ópera: não há uma receita definitiva para o estilo que seu escritório de processos pode assumir - é fundamental observar o que sua organização espera dele e, principalmente, estar atento às mudanças que o contexto requerer no dia-a-dia.

Baden e Vinicius

Vinicius de Moraes parece ter vivido bem mais que os sessenta e sete anos que os livros contam, tal o número de histórias que o têm como protagonista. Quando eu vivia em cinemas e teatros há alguns anos, ouvi do seu parceiro Carlos Lyra a famosa afirmação do poeta de que "o uísque é o melhor amigo do homem – o uísque é o cachorro engarrafado!". Outra genial ouvi do pianista Luizinho Eça: vários amigos, já um pouco bêbados, estavam reunidos em volta da mesa e alguém levantou a seguinte questão: - se você reencarnasse como um animal, que bicho escolheria ser?

Um disse desejar voltar como um cachorro – por sua fidelidade e docilidade; outro gostaria de ser um gato (ágil e bonito). Havia ainda um que preferia renascer como um cavalo alazão.

Ninguém entendeu quando Vinicius, até então quieto, afirmou querer voltar ao mundo como uma girafa.

- Uma girafa?!?! Por quê? Qual a graça e qual a vantagem de ser uma girafa, Vinicius?

- Vocês não prestam mesmo atenção nos detalhes. Vejam o tamanho do pescoço dela... imagine o prazer que daria o uísque ir descendo por um pescoço daqueles até chegar ao estômago...

Vi um dos últimos shows de Baden Powell, um dos três parceiros mais constantes de Vinicius, no qual ele contou a seguinte história: em uma dessas madrugadas, estavam os dois na casa do poeta a beber, cantar e compor quando, lá pelas três da madrugada, o violonista resolveu mostrar uma nova música que acabara de criar e na qual gostaria que Vinicius pusesse uma letra.

Assim que acabou de executar a canção, Baden não compreendeu o motivo do semblante fechado do parceiro e sua repentina mudez:

- O que foi, não gostou da música?

- Pelo contrário, adorei! – mas não ponho letra em obras plagiadas. E essa música, com certeza, é um plágio de Beethoven.

Baden ficou atordoado – não, com certeza não plagiara (pelo menos conscientemente) qualquer artista, quanto mais Beethoven! Sabia que em alguns casos uma melodia ou uma harmonia caem no senso comum e, sem querer, acabamos nos apropriando dela como se fosse nossa, mas aquele não era o caso.

- É plágio sim, Baden, isso é Beethoven – e já sei como resolver a questão. Minha mulher é especialista na obra dele; vou acordá-la, você toca a música para ela ouvir e ela lhe dirá exatamente o que você plagiou.

Não adiantaram os repetidos apelos de Baden para não acordar a pobre mulher que, em cinco minutos, estava na sala, sonolenta, aguardando a execução da peça.

O violonista tocou a canção inteirinha – e nenhum sinal de reconhecimento do plágio. Vinicius não se conformou:

- Toque de novo, Baden.

Nova execução e nada da música ser do Beethoven. Uma terceira tentativa foi feita, mas a esposa do poeta não mudava de opinião:

- Não, Vinicius, certamente é uma música original. Não é um plágio do Beethoven.

Foi aí que o poeta se fez genial:

- Claro que é Beethoven! Pode até ser aquela música que ele se esqueceu de compor – mas que é Beethoven, é!

Nossa assinatura pessoal nas coisas que fazemos é um traço marcante de nossa individualidade. É aquilo que nos diferencia e nos faz ser únicos, contribuindo decisivamente para os trabalhos que realizamos e para a vida que levamos com nossos pares. Por isso, representarmos um processo com o registro de todas as contribuições existentes faz toda a diferença em relação a modelos que confinam nossas características próprias em perfis frios e distantes.

Não somos "analistas", "consultores", "atendentes" – mas sim Bruno, João, Maria, Cláudia,... Mesmo que as normas prevejam resultados similares e as mesmas atividades para nós realizarmos, nossas histórias de vida, humores, conhecimentos, situações contextuais e tantos outros elementos fazem que as respostas que damos a cada estímulo seja única. Quando permitimos tal tipo de reconhecimento em nossos modelos de processos, podemos perceber a infinidade de saberes que fazem parte dessas redes de compartilhamento e a maravilha de fazermos parte desses arranjos criativos.

Vivendo várias vidas em uma só, como Vinicius – que era múltiplo a começar pelo nome (senão, seria apenas um "Vinícil de Moral"...).

"Yeah, yeah, yeah"!!!

Parece uma fonte inesgotável: apesar da separação em 1970, os Beatles continuam gerando novidades para o mercado - gravações "perdidas", arquivos oficiais digitalmente restaurados, livros de fofocas,... - a lista nunca acaba.

A primeira vez que os ouvi foi em 1973, quando ganhei as coletâneas "Azul" e "Vermelha" em meu aniversário. Desde então, a paixão só aumentou e confesso que já contribui bastante para fomentar o mercado de produtos de qualidade duvidosa - lembro-me, agora, de um livro que li (e não gostei) que fazia um comparativo entre o jeito Beatle de ser e a gestão de uma empresa.

Há alguns aspectos, entretanto, que parecem funcionar para explicar o sucesso da banda (aquela que, segundo José Emílio Rondeau e Ana Maria Bahiana, seria o "caso de amor eterno" da música) e que podem ser trazidos para nosso dia-a-dia:

- a sincronia que juntou Lennon & McCartney não foi efetivamente planejada - mas quando ocorreu, rapidamente foi considerada e alterou os rumos da dupla. John era o líder de um grupo mediano de *skiffle* em Liverpool e compensava sua razoável destreza na guitarra com uma postura fantástica de *band-leader*. Ao encontrar o talentoso Paul, teve de tomar uma difícil decisão frente ao dilema de chamar para o conjunto alguém com tanta luz própria quanto ele (e se arriscar a dividir o protagonismo) ou continuar na confortável situação em que estava. O resultado, hoje todos nós sabemos...

- da mesma forma, George Harrison "tocava Raunch como o original" e Ringo - ao contrário do que muitos pensam - era o mais profissional dos quatro no início dos anos 60 (era um *crooner* já bastante conhecido e participara de vários conjuntos locais). Mais que tudo, os quatro sempre foram muito maiores que a soma de seus talentos, o que pode ser percebido quando ouvimos seus trabalhos individuais - ótimos, mas sem a magia característica do grupo;

- a criatividade contínua sempre foi uma marca registrada da banda. Sem conhecer teoria musical, a junção do quarteto com o produtor George Martin "abriu as portas da percepção" para um novo mundo - por outro lado, Martin sempre afirmou que a curiosidade permanente dos Beatles os levava a criar sons não existentes e nunca permitia acomodação com algum sucesso anterior. Isso, sem falarmos do incrível senso de humor que tinham;

- os Beatles funcionavam como uma "democracia invertida", ou seja, se um dos quatro não concordasse com uma ideia ela não seguia em frente. Isso representava uma evolução do entendimento corrente de consenso - o que John, Paul, George e Ringo faziam ia além disso, ouvindo e incluindo todas as opiniões e criando obras-primas superiores às proposições originais (e individuais);

- por fim... o fim! Os Beatles terminaram quando a entropia do conjunto já não justificava sua continuidade.

Sabendo a hora de parar, não tiveram o infortúnio de passar a produzir material de qualidade inferior e mantiveram a chama de sua genialidade eterna.

O suicida e o computador

Calma, calma, "o suicida e o computador" é apenas o título de uma crônica - e de um livro - do genial Luis Fernando Verissimo. Na história, um escritor decide tirar sua própria vida porque, em suas palavras, "no fundo, no fundo, os escritores passam o tempo todo redigindo a sua nota de suicida. Os que se suicidam mesmo são os que a terminam mais cedo".

Quando já está com o pescoço no laço, desce do banquinho e resolve suprimir a segunda ocorrência da expressão "no fundo", por questões de estilo. Depois, considera a nota muito curta e acrescenta um texto explicativo. Pensa que está pronto para concluir o processo mas acaba se lembrando de uma frase de Borges que cai muito bem - e retorna ao computador para incluí-la.

Faz nova inserção na nota de suicídio, acrescenta outro parágrafo e, depois de ler o texto mais uma vez, guarda o arquivo na memória do computador para revisá-lo no dia seguinte. E vai dormir.

Lembrei-me dessa história ao participar de um evento de BPM na Universidade de Brasília. Depois das palestras daquela manhã, estávamos debatendo temas relacionados à gestão de processos, quando um participante questionou a respeito das armadilhas de ficarmos presos indefinidamente nas análises dos processos atuais sem que consigamos implementar melhorias na prática.

Minha opinião é que tal risco é real e é potencialmente amplificado quando o modelo de atendimento às demandas de processo apresenta algumas características. Por exemplo, encarar os ciclos de gestão de processos como longas sequências de etapas bem definidas (como planejamento, representação da situação atual, análise dos problemas, desenho da situação desejada) até o momento de implantar as melhorias. Nada contra tal ciclo - mas penso que ele é melhor explicado por ciclos de "eixo menor" (as "rodas pequenas que compõem a grande") que a figura global. Ou seja, o planejamento contém em si mesmo também a implantação, a situação atual já enseja uma ação de melhoria, etc. É impossível tentar deter o tempo requerido pela mudança freando as equipes de processo na implementação de soluções, porque desejamos que todos os componentes do processo estejam igualmente detalhados. Costumo brincar que quando atuava como consultor interno de processos, sentia que em algumas situações parecia querer revogar as leis da Natureza ao pedir às equipes de uma parte de um processo que não mais alterassem as representações a que havíamos chegado até que toda a cadeia de valor estivesse detalhada. Isso podia levar meses e, é óbvio, não tínhamos o controle de todas condições e variáveis envolvidas.

Nossa ansiedade também pode ser contida se nossos métodos incorporarem as noções que, se por um lado, a evolução dos processos é uma certeza (eles são "elementos vivos"), por outro podemos experimentar desde o princípio a implantação e os impactos de nossas melhorias, fracionando o grande processo em partes que se conectam e interagem o tempo todo. É uma visão mais holística de gestão.

E o melhor de tudo é que, tal qual na crônica do Verissimo, todos se salvam no fim da história!

Nas asas da Embraer

Há alguns anos participei de um evento da Marinha Brasileira em que um dos palestrantes era o famoso Ozires Silva, criador da Embraer e pioneiro na indústria de aeronaves genuinamente nacionais. O papo fluiu fácil e gostoso e Ozires conquistou a plateia comentando as diversas aventuras necessárias para convencer às pessoas da viabilidade e da importância estratégica de desenvolvimento do setor aeronáutico no País.

Uma das histórias marcantes que me recordo conta que depois de todo o projeto elaborado e de passar pelas mãos de vários atores que não davam o sinal verde para que a Embraer ganhasse corpo, Ozires levou a proposta ao gabinete do Ministro da Aeronáutica. Eram tempos do governo militar e o mandatário de plantão, cansado de ouvir as ponderações, abriu a janela da sala e ameaçou:

- Fiquem sabendo que atirarei pela janela o próximo que vier me falar de implantar uma empresa brasileira de aeronáutica!

O prognóstico era desanimador. Se o próprio Ministro era contra o projeto, como fazê-lo (literalmente) decolar?

Foi aí que o acaso entrou em cena. O domingo amanhecera nublado e Ozires era o militar de mais alta patente servindo na base aérea de São José dos Campos naquele dia. De repente, recebeu uma mensagem urgente pelo rádio do posto: o avião presidencial não poderia aterrissar no destino previsto por causa do nevoeiro e seria desviado para São José. Caberia a ele, Ozires, "fazer sala" para o Presidente enquanto estivesse em solo.

Depois de uma hora de conversa, o assunto emperrou; foi então que Ozires tirou da gaveta o projeto da Embraer e começou a detalhá-lo para o Presidente - que não parecia demonstrar muito entusiasmo pela ideia, mas não o impediu de continuar a exposição.

Finalmente a autorização para decolagem veio e o chefe dirigiu-se para a aeronave. No último degrau da escada de acesso, inesperadamente ele se virou para trás e comentou:

- Pode tocar o projeto - vamos criar a Embraer!

Essa reveladora história reforça a noção que vários pensadores defendem de que devemos trabalhar pelo resultado que desejamos, porém com o desapego necessário à sua ocorrência (pois não dominamos todas as variáveis). Nas sábias palavras de José Saramago, "não tenhamos pressa, mas não percamos tempo".

Nossos modelos de processos devem, portanto, conter os detalhes necessários para que seus resultados sejam satisfatoriamente alcançados por meio de sincronias que ultrapassam a simples noção de atividades, aproveitando condições que podem ocorrer fortuitamente para as quais, se estivermos suficientemente preparados, nossos esforços serão recompensados.

Dizem que o Ministro ficou se mordendo de raiva da coincidência que lhe tirou a autoridade...

A dinâmica dos processos

"Coração das Trevas" é a obra mais conhecida do escritor Joseph Conrad, e trata da incrível jornada de Charles Marlow ao comercializar marfim pelo rio Congo e tentar devolver o comerciante Kurtz à civilização. Semi-autobiográfico, o livro inspirou o cineasta Francis Ford Coppola a dirigir seu famoso "Apocalypse Now", que transporta parte das ações - e as mesmas questões psicológicas e morais - para a guerra do Vietnã. No filme Marlow torna-se Willard e sua missão é encontrar e eliminar o coronel Kurtz, militar antes exemplar mas que parece estar travando batalhas segundo suas próprias leis, à frente de uma legião de combatentes nas selvas do Camboja.

Em 1991, Fax Bahr, George Hickenlooper e Eleanor Coppola lançaram um documentário fantástico chamado "Corações das Trevas", com o subtítulo "Apocalipse de um Cineasta". Vi o filme há mais de quinze anos, mas sua narrativa é perfeita para ilustrar o que ocorre com nossos processos diários de trabalho.

A história toda se passa nos bastidores da filmagem de "Apocalipse Now": correndo o risco de ser traído pela memória, arrisco a dizer que sua filmagem ocorreu nas Filipinas e envolvia uma complicada logística de execução no tempo combinado com o estúdio, cumprindo o orçamento acertado. Coppola tinha a ideia básica - adaptar o Congo ocupado pela Bélgica de Conrad para o Vietnã invadido pelos EUA -, mas a parte final do roteiro ainda não estava completa. Marlon Brando havia finalmente aceitado o papel de Kurtz, e combinara de se juntar à equipe no meio das filmagens, com o compromisso de emagrecer a fim de dar credibilidade ao atlético coronel.

Para encurtar nossa conversa, as coisas não saíram exatamente como o previsto: após as primeiras tomadas com Harvey Keitel no papel de Willard, Coppola convenceu-se de que precisava de outro astro para viver o protagonista - e dispensou o ator, contratando Martin Sheen. Quando o filme estava pela metade, Sheen sofreu um infarto quase fatal, o que deixou o diretor ansioso quanto à necessidade de novas mudanças no elenco. Felizmente ele se recuperou - mas a produção foi atrasada enquanto Sheen se tratava.

Furacões que atacaram as Filipinas arruinaram o *set* de filmagens, causando novos atrasos e rombos no orçamento. Enquanto o que havia sido destruído era refeito, a força aérea filipina entrara em combate e passara a requerer os helicópteros usados nas filmagens por boa parte do tempo em que a equipe deles necessitava.

Marlon Brando apareceu, enfim, nas locações do filme - mas, ao contrário do combinado, havia engordado ainda mais! Além disso, não havia decorado suas falas e disse ao diretor que queria reescrever sua participação a partir de algumas ideias que havia tido. O caos parecia instalado.

Coppola não desanimou: apesar do risco de perda do protagonista, da necessidade de fazer enquadramentos especiais em Marlon Brando que não mostrassem sua obesa figura, da reconstrução do *set* de filmagens, dos custos estourados e dos vários atrasos, criou a partir da realidade que tinha um roteiro ainda mais fantástico e sensacional, resultando naquele que é ainda hoje considerado um dos maiores filmes de todos os tempos. Quando foi lançado no Festival de Cannes de 1979, "Apocalipse Now" ganhou a Palma de Ouro e recuperou, em pouco tempo de exibição, todo o investimento que havia sido feito.

Talvez nossos processos reais não se comportem em tal extremo; porém, é certo que também não se comportam tal qual uma engessada documentação de projeto pode sugerir - escopo fixo, recursos sempre bem determinados, prazos cumpridos à risca, etc. É fundamental termos nosso objetivo bem definido - ainda que ele possa sofrer mudanças de acordo com o contexto. Nosso "ator não pode aparecer de corpo inteiro"? - ok, vamos criar uma iluminação e um enquadramento que reforcem a qualidade dos diálogos. Mas, de uma forma ou de outra, precisamos rodar o filme vencedor, que irá arrecadar "o dobro do que foi investido". Boa parte de nossos esforços como gestores deve se concentrar em descobrir soluções e métodos que permitam alta flexibilidade e amparo à tomada de decisão.

O retorno é gratificante.

Maldito Futebol Clube

Michael Sheen é um dos grandes talentos britânicos do cinema atual. Sem fazer muito esforço, consigo lembrar-me de alguns de seus filmes recentes e marcantes, em papéis como o arrogante antagonista de Owen Wilson em "Meia-Noite em Paris", o jornalista David Frost que consegue a entrevista definitiva do ex-presidente norte-americano em "Frost / Nixon" e o primeiro-ministro Tony Blair no premiado "A Rainha".

Há um filme de 2009 que passou por aqui sem muito alarde, em que Sheen assume a personalidade de um dos mais talentosos e polêmicos treinadores de futebol da Inglaterra. "The Damned United" – ou "Maldito Futebol Clube" – conta a história de Brian Clough, seu ego gigante, sua rivalidade com Don Revie e suas fantásticas conquistas à frente de times modestos.

Brian Clough nasceu em 1935 e, como jogador, foi artilheiro de equipes medianas do futebol inglês, apesar de ter jogado por duas vezes no English Team. Tendo encerrado sua carreira prematuramente devido a uma séria contusão nos joelhos, Clough tornou-se técnico e dois anos após sua estreia na nova função já chamava a atenção da imprensa britânica ao levar o Derby County à primeira divisão do futebol inglês.

Tendo a seu lado o fiel parceiro Peter Taylor, na temporada 1971/1972 Clough liderou o elenco do Derby – agora recheado de jogadores desprezados por times maiores e completado por atletas formados em casa – à incrível conquista do campeonato nacional e à disputa da Copa dos Campeões da UEFA do ano seguinte. Suas diferenças com o treinador do então poderoso Leeds United, Don Revie, começavam a se tornar lendárias. Tudo por causa do desdém que Revie havia lhe dirigido quando seus dois times se enfrentaram anos antes.

Clough estava no auge de popularidade e do sucesso, à frente de um grupo coeso e vencedor, e direcionava ao Leeds – e a Revie – suas críticas mais pesadas, acusando os rivais de jogarem de forma desleal, praticando o anti-jogo. O Derby chegou às semifinais da UEFA, caindo frente à poderosa Juventus de Dino Zoff, Causio e Bettega, mas Brian perdera o controle de seu ego e, batendo violentamente de frente com a direção do clube, abandonou o comando da equipe.

Sem ter o que fazer, Clough recomeçou seu trabalho de garimpo em um pequeno clube da terceira divisão, mas no verão de 1974 assumiu um desafio que parecia impensável: treinar justamente o arquirrival Leeds United, que buscava um substituto para Don Revie, agora na seleção inglesa. A ideia era tão estapafúrdia que Peter Taylor rompeu com Brian e não o acompanhou na aventura.

O resultado foi um desastre total! Se antes Clough "tirava leite de pedra" de jogadores esforçados mas com um mesmo objetivo, no Leeds Brian teve de lidar com a enorme resistência à sua pessoa. Jogadores com *status* de estrelas simplesmente não aceitaram seu comando – muito menos esqueceram as críticas recentes que haviam sofrido do novo técnico. Além disso, a concepção de futebol de Clough claramente não se encaixava na filosofia (também vencedora) do Leeds e, após um mês e meio de uma sofrível campanha, veio sua demissão.

A história tinha tudo para acabar aqui, com o fracasso de um homem vencido por sua personalidade. Mas a parceria com Taylor foi reatada e em 1976 ambos assinaram com um ferrenho adversário do Derby, o Nottingham Forrest, que fazia o conhecido caminho de acesso da segunda para a primeira divisão. O Nottingham não só sagrou-se campeão da divisão de acesso como, no ano seguinte, foi campeão da liga principal do futebol inglês, além de vencer a Copa dos Campeões em 1979 e 1980, em um time em que brilhava o grande astro britânico da época, Kevin Keegan. Clough é até hoje apontado como um dos maiores técnicos ingleses de todos os tempos e reverenciado por torcedores adversários em sua pátria.

Nossos processos de trabalho são formados por pessoas, que possuem características individuais totalmente distintas entre si, mas que em torno de um objetivo comum podem levar-nos a alcançar feitos que parecem impossíveis. A principal missão do líder é a de motivar sua equipe em torno daquele objetivo e saber dosar corretamente o talento e as competências necessárias para atingir as metas com o compromisso permanente de todos.

Clough (e Talyor) foram especialistas em extrair o melhor de cada jogador, criando um ambiente de confiança e tranquilidade que facilitou a vida dos atletas. Ao mesmo tempo, suas diretrizes do que consideravam jogar "um bom futebol" representavam as referências básicas que o grupo devia seguir – quando tais referências não foram aceitas pelos jogadores do Leeds, de pouco adiantou o nome, os títulos passados ou o orçamento disponível, para tentar fazer o time ser campeão.

A volta por cima de Clough também é um belíssimo exemplo de adaptação ao contexto de um processo antes vencedor. Se Brian simplesmente tivesse trazido as mesmas ideias dos seus tempos de Derby County o resultado, provavelmente, seria similar ao colhido no Leeds (devemos lembrar que a rivalidade regional entre Derby e Nottingham era terrível). Mais experiente – e contando com seu fiel escudeiro Peter Taylor –, Brian soube conquistar rapidamente seus novos comandados e estabelecer uma relação de confiança e respeito que culminou naquele que, para muitos, é o melhor time inglês daquela década.

Muitos consideram Brian Clough um injustiçado por não lhe darem a oportunidade de treinar a seleção e oxigenar os métodos e o estilo de jogo do English Team.

Vendo os resultados que a Inglaterra tem colhido desde então nos campeonatos em que participa, a sensação é que, se houve injustiça, não foi Brian Clough quem saiu perdendo.

Um cara fenomenal

Não consegui enganar o tempo e fiz aniversário recentemente - o que, aliás, ocorre em todos os anos! Depois de mais de uma década sem ter bicicleta em casa, ganhei da Cláudia, do Felipe e da Luísa uma especialíssima, feita de alumínio, e passei o fim de semana pedalando em trilhas e mais trilhas.

Outro presente que eles (generosos) me deram foi a recém- lançada biografia de Gustavo Kuerten, "Guga - um brasileiro". Guga parece uma unanimidade nacional, mesmo tanto tempo após sua aposentadoria. Seu carisma, sua simplicidade e sua conexão com a torcida brasileira o colocam em um patamar dos grandes ídolos nacionais.

Não me contive e comecei a ler o livro imediatamente; os capítulos vão se alternando entre histórias mais recentes (quando Kuerten começou a colocar seu nome na história do esporte brasileiro) e outras da infância e do período de formação do ídolo. Logo em uma das primeiras passagens, Guga menciona aspectos da sensacional partida contra Kafelnikov em Roland Garros, no ano de 1997. E fala de coisas que acontecem no dia-a-dia dos processos pessoais e organizacionais.

Quando se enfrentaram, Kafelnikov era o campeão do torneio francês e figurava na terceira posição do *ranking* mundial - Guga, por sua vez, estava bem abaixo daquela colocação e tinha ganhado uma única vez de um adversário classificado entre os *top ten*. Seu plano para vencer o russo era uma mistura de aspectos práticos e outros contextuais: de estilo similar ao seu, Kafelnikov gostava de trocar longas bolas no fundo de quadra, cansando o oponente, e desferir potentes *backhands*. O técnico de Guga, Larri Passos, sabia que Kafelnikov tinha duas principais deficiências: demorava a entrar no jogo e se complicava com bolas altas. Assim, Guga montou o seu "processo de jogo" dando grande atenção a subir a altura das bolas que devolvia e, também, estendendo seu aquecimento até a hora do início do jogo (assim, entraria mais "ligado" em quadra e aproveitaria os primeiros games).

Até aí, eu diria que é a parte que todos costumamos identificar em nossos processos - aspectos mais voltados a fatores objetivos, ao mundo das "atividades". O que Guga transmite com tanta clareza, porém, é todo um outro conjunto de aspectos contextuais e comportamentais que faz parte do jogo, e que pode determinar seu resultado: o voo de um pássaro sobre a quadra que desconcentra permanentemente o tenista, medos do passado que voltam à tona quando um ponto fácil é perdido, a reação às manifestações da torcida e a imprevisibilidade natural que cerca o esporte - e, por que não?, a vida.

Pilotar um avião pode envolver um conjunto de procedimentos complicados e sensíveis - mas tão ou mais importante que isso é saber se o experiente piloto está com alguma preocupação e se apresenta um bom estado físico quando no comando da aeronave. As representações modernas de processos, em geral, trazem registro desses outros aspectos e, principalmente, apresentam planos para condições que podem ocorrer mesmo quando não conhecemos direito as atividades envolvidas ou as causas para sua existência.

Fenômenos incríveis que fazem, por exemplo, um menino feliz, magrelo e desengonçado se tornar o número 1 do mundo!

Os cisnes negros

No Natal de 2009 eu coordenava o Programa Nacional de Gestão Pública e Desburocratização do Governo Federal - GesPública - e nosso Secretário de Gestão resolveu presentear a todos os diretores da unidade com um livro. Foi quando conheci Nassim Nicholas Taleb e seu excelente "A lógica do cisne negro".

O nome "cisne negro" decorre da experiência que navegadores experimentaram ao avistar os primeiros animais dessa natureza: o choque foi imenso e se iniciou uma discussão se o paradigma de "todos os cisnes são brancos" teria de ser alterado ou se tais animais não poderiam ser considerados cisnes...

Em outras palavras, um fenômeno do tipo "cisne negro" apresenta três características principais:

- sua ocorrência é imprevisível;

- o impacto por ele causado é imenso, alterando nossa forma de pensar;

- é comum ser seguido de explicações posteriores que procuram demonstrar que ele era menos aleatório e mais previsível que na realidade.

Além de professor universitário, Taleb tem grande sucesso como investidor do mercado financeiro e afirma que seu segredo é atuar de forma diametralmente oposta ao que a maioria das pessoas faz pois, segundo ele, para tratar de "cisnes negros" - como os fenômenos do mercado de capitais -, os modelos matemáticos / sociais e a álgebra utilizada devem ser distintos dos tradicionais. Se é impossível impedir um "cisne negro" de ocorrer, pode ser viável torná-lo "cinza" e aproveitar a maré favorável quando de sua existência. Lembro das palavras de Taleb dizendo ser mais importante ouvir as conversas das pessoas comuns no metrô que acompanhar as *newsletters* dos especialistas na bolsa. São os cisnes se formando...

Falando de processos e de outras ferramentas de gestão, tenho a certeza de que nossos modelos muitas vezes tentam "revogar a lei da gravidade" ao padronizarem e/ou detalharem a operação de sistemas vivos que estão cheios de "cisnes negros" - portanto, impossíveis de se comportarem como queremos. Se aproveitássemos toda essa energia e conhecimento para discutirmos condições que podem surgir quando da observância do "cisne" e as respectivas ações a serem tomadas, poderíamos ter êxito similar ao do investidor Taleb.

Em uma das passagens do livro, o autor mostra como tentar combater o terrorismo apenas olhando para como foram feitos os últimos ataques pode ser frustrante: dificilmente uma organização tentaria o mesmo padrão novamente - mas foram investidos monstruosos recursos em escudos anti-aéreos em Nova Iorque depois do 11 de setembro.

A boa notícia? Ainda no dia 11 de setembro de 2001, uma organização sediada na segunda torre do World Trade Center conseguiu manter a salvo todos os seus funcionários ao buscar um plano de contingência existente em sua prateleira e ao contradizer os avisos da segurança central do prédio. O responsável pelo plano dizia que, "caso um dia uma das torres fosse derrubada" (o "cisne negro"), "as pessoas da segunda torre deveriam deixar imediatamente o local, pois as câmeras de TV - que não necessariamente teriam captado o primeiro ataque - estariam todas voltadas para o prédio, gerando a publicidade que o ato terrorista requeria".

E você, já conseguiu "descolorir algum cisne negro"?

Do fim para o começo

Gosto de abordagens "invertidas" para analisar problemas de gestão: por exemplo, modelar um processo a partir dos resultados a serem gerados (e suas qualificações), o que os americanos costumam apelidar de *outside-in*... Da mesma forma, considero a Carta de Serviços um excelente instrumento que permite às organizações uma forma de relacionamento direto com seus públicos-alvo, baseada em compromissos assumidos para a prestação de serviços. A eficiente gestão de tais compromissos tende a facilitar a percepção de aspectos a serem corrigidos, o que - nas palavras de um especialista espanhol que conheci há alguns anos - se reverte na consultoria "mais barata e fidedigna" que uma instituição pode desejar.

Uma interessante forma de inverter a ótica no sentido de falar a mesma língua de nosso público é a tendência que observamos nos mais recentes exemplos de portais de serviços (e informações) destinados à sociedade. Os primeiros portais dessa natureza destinavam-se a concentrar um grande número de dados úteis aos usuários de serviços, tais como descrições gerais, custos associados, horários de funcionamento de unidades prestadoras e documentos requeridos. Claramente tanto conteúdo costumava misturar "alhos com bugalhos", ou seja, encontrávamos serviços finais destinados aos cidadãos junto a procedimentos internos, consultas do andamento de processos e dados das organizações públicas.

O grande salto que os portais atuais têm feito, nacional e internacionalmente, fundamenta-se em duas principais questões:

- por um lado, estão melhor definidos conceitos associados a serviços e são apresentadas facilidades para que os responsáveis pela alimentação dos portais possam incluir mais tranquilamente todo tipo de informação que possa auxiliar a rápida localização e compreensão, pelo usuário, do tema desejado;

- paralelamente, as camadas de apresentação para o público passam a adotar linguagens próximas da solução de suas questões. Em vez de classificações de serviços conforme a estrutura que presta o atendimento, cada vez mais observamos a migração para uma categorização conforme o indivíduo enxerga o assunto. Da mesma forma, os portais vêm incluindo "serviços e informações" conjuntamente para o público, pois é dessa forma que a população costuma enxergar suas necessidades - por exemplo: ao mesmo tempo que deseja conhecer como se dá um serviço de emissão de passaporte, o cidadão pode desejar acompanhar o estado atual de seu pedido.

Há experiências, inclusive, em que o público pode mesmo executar os serviços on-line, com maior comodidade e poupando recursos como deslocamento e tempo de espera.

O futuro de um bom atendimento parece ser, definitivamente, a falta de necessidade de atendimento

Jeitinho oriental

Na primeira vez que eu e Cláudia visitamos o Japão, no ano 2000, chegamos ao país depois de quase duas semanas perambulando pela China. Havíamos conhecido Hong Kong, Guangzhou, Pequim, Xangai e Hangzhou e durante todo o período em que lá estivemos optamos por decidir onde ficar somente quando chegávamos nas cidades, sem reservas antecipadas de hotéis.

Agora, na Imigração do Aeroporto de Narita, o expediente parecia não funcionar aos olhos do burocrata carrancudo que nos atendia:

- Em qual hotel irão se hospedar?

Bastante sinceros, dissemos a ele que assim que pegássemos nossas malas iríamos ao balcão de turismo do próprio aeroporto e decidiríamos nosso futuro.

- Ah, e vocês pensam que é assim que a coisa funciona aqui no Japão? Digam-me, de verdade, por que resolveram vir ao nosso país?

Atônitos, começamos a explicar o que acontecera: estávamos em Hong Kong, o dono do albergue em que nos hospedamos estudara no Japão e, apenas como referência, fornecera o nome de um hotel em que ele costumava ficar.

- A reputação desse hotel é péssima! Por que vocês estão aqui?

Repetindo pela enésima vez que nosso propósito de viagem era apenas turismo, lembramo-nos de algo que poderia quebrar sua intransigência: Rose (nossa amiga de trabalho e especialista em gestão de processos) tinha uma irmã morando no Japão e tínhamos seu endereço e telefone à mão para o caso de algum imprevisto.

- Hum, mas este endereço não é de Tóquio – e vocês disseram que iriam ficar apenas na capital. O que vocês querem? E por que sabem falar inglês?

Aquilo era o fim da picada! Transtornados, começamos a praguejar em tudo quanto era idioma e abrimos nossas mochilas em busca de algo que pudesse reverter a situação. Foi quando o funcionário avistou um objeto que alterou completamente o seu semblante:

- Um guia de viagem? Então vocês são mesmo turistas? Por favor, passem-me o guia.

Não entendíamos nada. Quer dizer que um simples livro de viagem poderia ter simplificado toda a história?

O homenzinho folheou as páginas do guia até a seção "onde se hospedar". Tomou o formulário de entrada no país e começou a preencher o campo correspondente com o nome de um hotel que escolhera:

- Agora, sim – este é um hotel de respeito. Assim vocês não terão qualquer preocupação com formalidades. Peguem suas bagagens, vão ao balcão de turismo e, uma vez lá, escolham onde realmente irão se hospedar. Tenham uma boa estada no Japão!

Então também havia flexibilidade no Oriente?

Processos vivos e complexos apresentam a característica fundamental de sempre respeitarem os contextos em que estão inseridos. Embora uma de nossas primeiras intenções ao trabalhar com processos – e com o seu gerenciamento – seja conseguir estabelecer alguns padrões de funcionamento, é importantíssimo reconhecer que cada ocorrência experimentada é um fato único e com vida própria, e que nossos parâmetros podem servir muito bem de referência – mas sempre deve haver algum espaço para a tomada de decisões específicas, caso a caso. Além disso, a aprendizagem decorrente da execução do processo deve continuamente retroalimentá-lo, permitindo que o conhecimento percorra todas as instâncias que o compõem e que os normativos associados possam ser revistos sempre que a realidade demonstrar que é necessário.

Intuímos que o comportamento da Imigração tinha a ver com amostragem de estrangeiros que chegavam ao país, uma questão momentânea de segurança pública. O rigor demonstrado decorria de um contexto específico – nas três outras vezes em que estivemos no Japão não passamos pela mesma chateação –, como também foi contextual a solução encontrada pelo funcionário, de certa forma passando ao largo das regras estabelecidas para um processo rígido.

Quando saímos do guichê, vimos um viajante africano que estava em nosso avião ainda sem conseguir convencer seu interlocutor do porquê dele saber falar inglês.

Faltava lhe o tal do "jeitinho".

Sandro Moreyra

Quem era criança ou adolescente no auge da revista Placar vivia a esperar o dia de sua chegada nas bancas de jornais para começar a folhear aquela que foi a melhor publicação semanal de esportes já existente no Brasil. Depois do editorial de Juca Kfouri tínhamos, em geral, um jogo de destaque da semana, uma sessão de cartas dos leitores, resultados das partidas – principalmente de futebol -, imagens magníficas do time de fotógrafos colaboradores da revista, os gols mais bonitos da rodada recriados em desenhos feitos à mão e uma infinidade de divertimentos para os aficcionados em esportes. Igual à tristeza que vai nos dando quando nos aproximamos do fim de um bom livro, eu já começava a diminuir o ritmo da leitura quando chegava às páginas de Fórmula Um – escritas por Lemyr Martins -, começando a sonhar com a próxima edição.

"Histórias do Futebol" era a sessão assinada pelo veterano jornalista Sandro Moreyra, trazendo casos curtos que ele acumulara em sua longa carreira no meio esportivo. Botafoguense fanático, Sandro começou sua história na imprensa brasileira na década de 1940 e viveu a época mais gloriosa do alvi-negro, tendo convivido com figuras históricas como Carlito Maia, João Saldanha (de quem era grande amigo e com quem teve inúmeras diferenças), Sérgio Porto, Armando Nogueira, o goleiro Manga e Garrincha, principal personagem de suas crônicas.

As histórias de Sandro eram divertidíssimas e, em muitos casos, exageradas, sendo apontadas por alguns como o principal elemento responsável pela fama de ingênuo atribuída a Garrincha. Moreyra era muito íntimo do atacante, talvez sendo o primeiro a reconhecer seu potencial ao assistir seus treinamentos no campo de General Severiano. Foi também de Sandro a tentativa – infrutífera – de alterar o apelido do atacante, de Garrincha (um pássaro comum em sua cidade-natal) para Gualicho, nome do puro-sangue bicampeão do Grande Prêmio Brasil de Turfe de 1952 e 1953.

Uma das crônicas semanais que ficaram em minha mente era mais ou menos assim: os jornalistas esportivos tinham por costume se encontrar após o trabalho e ficar conversando sobre a vida. O papo sempre corria bem, até que um conhecido repórter – famoso por sua arrogância e por sua mania de ser o "dono da verdade" – sentava-se à mesa e começava a se intrometer em qualquer caso que estivesse sendo contado, desconsiderando as demais opiniões e dando sua versão definitiva para os fatos.

De incômodo inicial o negócio começou a crescer e ninguém mais na turma tinha paciência com o coleguinha e sua soberba. Bastava um assunto ser proposto e lá vinha ele balançando a cabeça como se dissesse "vocês não sabem da missa um terço, deixa eu contar o que realmente aconteceu", e estragar a noite de todo mundo.

Foi aí que alguém teve a brilhante ideia de inventar uma história fictícia e dar corda suficiente ao chato até que ele se enforcasse. E assim foi feito: a roda estava animada naquele dia em que um jornalista puxou conversa:

- Nossa, bom jogador mesmo era o Fulano, não? Pena que teve carreira tão curta e trágica...

Os outros entraram no papo e começaram a enaltecer as qualidades do Fulano, que havia vindo de uma cidade do interior ainda jovem, batia bem na bola com as duas pernas, havia arrebentado nos treinos, chegara logo ao time titular, encantara-se com os prazeres da noite carioca e, infelizmente, morrera jovem, de tuberculose.

O chato não se conteve:

- Que tuberculose, que nada! Vocês não conheceram o Fulano como eu conheci. O problema dele foi uma sífilis mal curada que consumiu sua saúde em poucos meses.

O líder da turma sentiu que era a hora perfeita para o bote final:

- Você deve estar enganado: Fulano morreu de tuberculose, sem dúvida alguma!

- Meu querido, tenho certeza que foi sífilis! Era íntimo dele, conhecia seus hábitos, os locais que frequentava...

- Fulano morreu de tuberculose! Sabe por que eu sei disso? Por que Fulano foi inventado por mim há meia-hora, e se eu decidi como ele nasceu, decido também como ele morre: de tuberculose!!!

Nunca mais o chato incomodou o pessoal.

Há um ditado italiano antigo (*traduttore, tradittore*), que afirma que todo tradutor é um potencial traidor da verdade. Quando tentamos contar a história dos outros, por mais boa vontade que tenhamos, há sempre o risco de deturparmos o que ouvimos e de tentarmos dar a nossa versão para os fatos.

Em modelagens de processos – em especial, quando trabalhamos com sistemas complexos –, a melhor política a ser adotada é permitir que cada um dos participantes do trabalho possa representar sua contribuição ao todo, em suas palavras. Em vez de um consultor externo ao processo registrando sua compreensão a partir de uma amostra das pessoas que realmente compõem o processo, por que não deixar que cada um diga como se dá a sua participação e, no momento seguinte, começar a montagem das cadeias de valor?

A técnica dá resultados! – todos se sentem valorizados, o risco de má interpretação cai absurdamente, a compreensão dos resultados individuais e globais é potencializada, o tempo para realização da modelagem e bem menor e o nível de detalhes atingido é muito mais alto.

Sem que um chato tente atrapalhar a conversa.

Seus projetos são em "W" ou em "M"?

Na década de 1920 o mundo do futebol viveu uma alteração fundamental de suas regras, com a redução para dois adversários entre um jogador e o gol para que fosse marcado um impedimento. Tal revolução levou o professor de geometria e treinador do Arsenal, Herbert Chapman, a armar um esquema tático revolucionário que se tornou base dos times ao redor do globo por várias décadas. Consistindo de três defensores, dois volantes, dois armadores e três atacantes, o sistema foi apelidado de "WM" pela semelhança dos vértices das letras com a disposição em campo dos jogadores. Uma das principais características daquela formação era a flexibilidade que o meio-campo assumia, podendo se adaptar facilmente a oponentes com estilos diferentes de jogo e a situações que ocorriam nas partidas.

Ainda sob os efeitos do espetacular show de Paul McCartney em Brasília, lembrei-me de outra história que usa as mesmas letras para outros fins. Em uma entrevista há muito tempo, Paul disse que um dos conhecimentos práticos que acumulou em sua vida de artista lhe foi repassado por um tio, músico amador, aconselhando-o a sempre investir em apresentações "em W" - e nunca "em M".

Segundo tal teoria, para manter a conexão do público e sua atenção durante todo o espetáculo, um artista deve iniciar o show com músicas alegres e de ritmo acelerado, reduzir para um conteúdo mais intimista e reflexivo lá pelos quarenta por cento da apresentação, subir um pouco o clima quando chegar à metade, recarregar as baterias quando estiver se aproximando do fim e, daí, acelerar o máximo que puder para concluir o show em alto estilo.

O contrário disso seria um show "em M", em que a conexão demoraria a engatar e, quando fosse a hora do artista apresentar seu conteúdo mais atraente, o público poderia não estar mais disponível.

Nossa vida e nossos projetos de melhoria de processos podem colher algumas lições do mundo "em W". Cada vez menos as pessoas dispõem de tempo e de disposição para trabalhar arduamente sem observar resultados - na verdade, elas desejam resultados mais rápidos e melhores em um ambiente de descontração, aprendizado, criatividade, bom clima organizacional e, por que não dizer, diversão.

Projetos de longo curso precisam daquelas chamadas "vitórias rápidas", que lavam a alma das equipes e demonstram que o caminho completo é possível. Da mesma forma, grandes cadeias de valor precisam ter resultados identificados e colhidos prontamente, mantendo a sintonia das pessoas com o mundo real e transformando, gradativamente, o contexto.

Olhando o agrupamento das músicas do show de 2014 do Paul McCartney em Brasília, é nítido o desenho "em W" que vai de "Magical Mystery Tour" até "Back in the USSR".

Conexão total, empolgação, reflexão, divertimento, emoção... Em que a lógica "em W" pode auxiliar a sua vida?

Siameses... só que não

Esta é da série "teorias delirantes que criei": para mim, Woody Allen e Luis Fernando Verissimo são gêmeos não-idênticos separados no nascimento, com características físicas bem diferentes superadas pela genética que os une.

Woody é nova-iorquino e Verissimo, porto-alegrense; um trabalha (principalmente) com cinema e o outro com literatura, mas as crônicas que escrevem ou filmam parecem se aplicar a qualquer situação da vida cotidiana, seja quando namoram com Bergman ou Borges e dão toques intelectualizados às palavras, seja quando registram o dia-a-dia do homem comum.

Luis Fernando morou quando criança nos Estados Unidos e foi alfabetizado em inglês – seu pai fora convidado para dar aulas no país. Nova Iorque, assim, é bem familiar ao gaúcho e sua paixão pelo jazz rende até hoje memoráveis contos que retratam fatos como assistir a Charlie Parker em bares enfumaçados. Verissimo toca saxofone como hobby, assim como Woody toca clarinete e é um grande conhecedor de música americana – é famosa a recusa dele em receber seu Oscar por "Noivo neurótico, noiva nervosa" alegando não poder comparecer à cerimônia por ser dia de tocar com seu conjunto de "dixie".

Quando vi o filme "Match Point" ("Ponto Final", em português), minha teoria do gêmeo que sente à distância o que o irmão faz ganhou mais força: a história do homem que tenta se livrar da prova do crime jogando a joia no rio

Tâmisa está presente na crônica "A verdade", que Verissimo escreveu há muitos anos. Talvez seja um tema recorrente e universal, mas os contornos que os dois dão às suas narrativas aproximam (e muito) os artistas.

Apesar das semelhanças e coincidências, Woody é Woody e Verissimo é Verissimo. Tentar tomar um pelo outro, além de absurdo, pode levar a consequências bastante frustrantes – como um guarda-roupa inadequado ao norte-americano, que é mais baixo que o brasileiro, ou esperar que Luis dirija um filme com a competência de Allen.

Da mesma forma, nossos processos complexos podem se espelhar em situações similares para recriarem condições necessárias ao seu bom funcionamento – mas dando a necessária atenção às diferenças que existem entre os contextos. Costumo ouvir com frequência termos como "padronização", "re-uso" e "reaproveitamento" que, se mal usados, introduzem distorções e resistências nos processos de trabalho. Um belo projeto de uma ponte japonesa pode ser uma referência para a que pretendemos construir em nossa cidade – porém, os materiais usados podem ter levado em consideração requisitos específicos para o local original de construção e, quando da contextualização ao nosso caso, podem possuir custos proibitivos ou dificuldade de obtenção. Mais crítico ainda, quando tratamos de pessoas, tentar enquadrar a ação de seres humanos em procedimentos frios e distantes das realidades locais, apenas porque um padrão foi definido por uma unidade central, pode trazer danos irreversíveis ao desempenho do processo. Devemos nos lembrar que a ideia original de padrão busca estabelecer a comunicação entre os elementos de um sistema / processo – e não a perda de flexibilidade.

Quando formos modelar nosso processo, devemos representar o mais próximo possível a realidade, permitindo que Luis seja Luis e que Woody seja Woody.

Ah, e se você acha que "A verdade" e "Match Point" são uma simples coincidência, compare a cena de "Para Roma com Amor" em que a esposa se encanta com o ator de cinema e a crônica "Zona Norte, Zona Sul", em que Vânia é surpreendida pelo assaltante "Gatão"...

Processos contextuais

Acabo de reler - após mais de 10 anos -, o ótimo livro "O Último Teorema de Fermat", de Simon Singh. Conta a fascinante história de um homem atrás de seu sonho de criança: provar a correção de um dos maiores mistérios da história da Matemática.

Lembro-me de tomar conhecimento do teorema pelo livro que usávamos nas aulas de Cálculo I, na Universidade de Brasília - ao fim de cada capítulo o autor apresentava alguma curiosidade matemática e o caso de Fermat era peculiar: o "Príncipe dos Matemáticos" rascunhara nas páginas de uma edição de "Aritmética", de Diofanto, uma pequena nota em que afirmava de "ter uma demonstração verdadeiramente maravilhosa para essa proposição, para a qual esta margem se mostra muito pequena". A proposição em questão era a de não haver solução para a equação $x^n + y^n = z^n$, para qualquer n inteiro maior que 2.

Tal prova nunca foi encontrada e somente em 1994 - mais de trezentos e cinquenta anos após a nota de Fermat - o matemático britânico Andrew Wiles conseguiu demonstrar sua veracidade. A dúvida que permanece até hoje é: teria Fermat realmente uma prova correta para o problema ou ele teria cometido algum equívoco?

Quando penso no Último Teorema de Fermat faço uma correlação com nossos problemas cotidianos de gerenciamento de processos. O valor a ser gerado tanto por

Fermat - em 1637 - quanto por Wiles (na década de 1990) era o mesmo e estava muito bem caracterizado. Porém, os insumos, as referências e as infraestruturas disponíveis para cada um deles eram totalmente distintas. Fermat possuía o conhecimento científico e social de um homem do século XVII, ao passo que Wiles usou descobertas matemáticas e instrumentais inacessíveis para o francês. Admitindo-se que Fermat não tenha cometido qualquer erro em sua descoberta (ou seja, que ele tivesse realmente uma prova genial para a resolução do problema), é certo que os processos de geração do resultado - valor - usados por Fermat e por Wiles são profundamente diferentes.

Tivesse um gestor moderno que decidir quanto a qual dos caminhos a ser usado em uma aplicação, provavelmente se basearia em características associadas à qualidade dos processos, tais como tempo, inovação, custos e outras.

Ou será que consideraria a perspectiva histórica, aceitando a possibilidade das duas abordagens co-existirem, respeitando os contextos a envolver os dois (brilhantes) matemáticos?

Tudo bem?

Em "Ladrões de Sabonete" o diretor e ator italiano Maurizio Nichetti faz uma homenagem a um clássico do cinema neo-realista, "Ladrões de Bicicleta", de Vittorio De Sica. Usando atores amadores – o que conferiu maior empatia junto ao público -, o filme de 1948 retrata a difícil vida do protagonista que depende da bicicleta para o seu sustento e a tem roubada. Foi premiado com o Oscar de filme estrangeiro.

A comédia de Nichetti foi filmada mais de quarenta anos depois e a trama se desenvolve em torno da exibição de um filme inspirado no original de De Sica durante a programação noturna da TV. Como ocorre no modelo comercial de televisão, a toda hora a transmissão é interrompida por anúncios ou pelos comentários do diretor, vivido pelo próprio Maurizio.

Em determinado momento, uma pane na geração do sinal faz com que a protagonista do filme troque de lugar (e de tempo) com uma bela modelo que faz um anúncio de sabonete. A confusão gerada leva o diretor a invadir o enredo e tentar recolocar as coisas em seus devidos lugares.

Uma cena curiosa se dá quando Nichetti encontra o filho dos atores principais do drama e tenta convencê-lo a voltar ao fio da história, dizendo algo como:

– Você precisa fazer isso, pois assim seu pai sofrerá um acidente, perderá o movimento das pernas, não terá mais o emprego, sua mãe será obrigada a se prostituir e você irá para um orfanato – ou seja, tudo ficará bem.

Claro que o menino não aceita a oferta – e em um momento posterior do filme, se vinga do diretor quando ele vai preso, exclamando algo como: – E agora, tudo bem?!

Lembrei-me dessa história por um motivo básico, a necessidade que os processos de trabalho deixem explícitos para os envolvidos o que é "tudo ficar bem". O ponto de vista do diretor (seu filme correndo como o esperado) é nitidamente conflitante com a noção de conformidade do personagem – para quem uma vida de aperto não dá qualquer sinal de ser algo bom. Quando nos obrigamos a tornar explícitos os valores de cada participante do processo e/ou quando usamos mecanismos como as cartas de serviço / cartas-compromisso, rapidamente percebemos se há congruência ou divergência entre os anseios presentes – e podemos atuar para garantir o resultado pretendido.

Outra questão marcante é, novamente, a falsa ideia de que o único caminho para alcançarmos nossos objetivos é formado de sangue, suor e lágrimas até que o sucesso chegue. Não há nada de mal em buscarmos alternativas mais tranquilas, prazerosas e inclusivas para que o trabalho realizado traga frutos mais rápidos e saborosos a quem dele toma parte.

Como em um belo filme de cinema.

Euler e a gestão de processos

Kaliningrado - diz a Wikipédia - é a capital da província russa de mesmo nome, situada no enclave entre a Polônia e a Lituânia, às margens do Mar Báltico. No século XVIII, porém, a cidade era conhecida como Königsberg e tem um papel importantíssimo para a teoria de processos, por conta da genialidade do matemático suíço Leonhard Euler.

Königsberg possui duas grandes ilhas ao longo do Rio Prególia e que, juntas, formam um complexo que dispunha à época de Euler de sete pontes que cruzavam as massas de terra.

Discutia-se nas ruas da cidade a solução de um problema que há muito intrigava seus habitantes: seria possível encontrar um percurso que cruzasse a cidade atravessando todas as pontes e, cada uma delas, uma única vez?

Em 1736, Euler usou um raciocínio extremamente simples para solucionar o problema: a partir do mapa da cidade, transformou os caminhos existentes em retas e suas intersecções em pontos e então percebeu que - exceto para o pontos escolhidos como partida e chegada do percurso -, o número de vezes que um indivíduo chegava a uma massa de terra era igual ao número de vezes que ele saía do local. Então, se cada ponte tivesse de ser atravessada uma única vez, para cada massa de terra que não o início ou o fim do percurso, a quantidade de pontes conectadas aos pontos deveria ser um número par. No caso de Königsberg, todas as quatro massas de terra existentes eram conectadas por um número ímpar de pontes (uma por cinco pontes e as outras por três pontes), fazendo com que fosse impossível o percurso de qualquer trajeto nas condições propostas sem a repetição de, pelo menos, uma ponte.

A forma de representação da realidade criada por Euler foi denominada "grafo" e, modernamente, a teoria de grafos é fundamental para a construção de modelos que buscam solucionar problemas em áreas como as engenharias e a gestão de processos. Por exemplo, usamos a teoria de grafos para solucionar um circuito elétrico real que, em um primeiro momento, é aproximado por uma representação de seus componentes teóricos e suas equações associadas. Logo em seguida, podemos traçar-lhe o respectivo grafo, muito mais simples que a visão inicial e com os pontos do diagrama (também chamados de "nós") representando os estados assumidos pelo circuito elétrico e os "pesos" associados a cada linha (ou "ramo") como sendo as transformações que levam de um estado a outro.

A mesma lógica é adotada nas representações modernas de processos, nas quais os nós dos grafos correspondem aos valores existentes (insumos, resultados, referências ou infraestruturas) e suas conexões se referem às transformações que, efetivamente, geram valor às várias partes componentes.

Quem diria que nosso patrono em gestão de processos era alguém como Leonhard Euler, hein?

João Saldanha

Duas histórias envolvendo João Saldanha, com um desfecho similar:

A primeira: na redação do jornal, após o título conquistado pelo seu querido Botafogo, João redigia a coluna da noite e aproveitava para tirar um sarro do colega flamenguista, que estava de cabeça inchada. Diferente do habitual, João tripudiava sobre a tristeza do outro jornalista, fazendo-o perder as estribeiras, levantar-se da cadeira xingando o desafeto e lhe dar as costas. Foi quando, em um ato de fúria, Saldanha arremessou-lhe a pesada máquina de escrever em que trabalhava, quase ferindo gravemente o colega.

A segunda: João tomou um táxi dirigido por um motorista português e se revoltou quando o condutor começou a dar voltas pelas ruas do Rio – em vez de ir diretamente ao destino –, querendo cobrar um valor maior pela corrida. Da discussão os dois passaram para a ação, saindo do carro e se encarando antes da iminente briga física. O português tomou nas mãos um porrete que trazia no assoalho do táxi para se defender de possíveis assaltantes, e o brandia para Saldanha, que comentou:

- Puxa, que covardia – você, fortão desse jeito e ainda armado com um porrete... Quero ver se teria coragem de me enfrentar de mãos vazias!

O motorista jogou o porrete no chão – e João rapidamente o pegou e, com ele, deu uma surra exemplar no português...

Nos dois casos, quando a "turma do deixa-disso" conseguiu acalmá-lo, ouviu a mesma explicação para o seu raivoso comportamento:

- Briga não tem regra!

Os processos em que trabalhamos, no entanto, têm uma enormidade de regras, que podem surgir de variadas formas em nossos modelos – características de validade dos resultados a serem alcançados, condições e respectivas ações a serem tomadas, procedimentos a serem seguidos... O que não deveria ocorrer é perdermos a oportunidade de registro de tal conhecimento quando nos propomos a modelar um processo.

Uma vez eu aguardava a confirmação de um convite para assumir um novo desafio na carreira, ajudando o pessoal da área financeira da minha instituição na modelagem de alguns processos. Surgiu a oportunidade de modelarmos um novo arranjo aprovado há pouco pelo conselho diretor da organização – trabalho que deveria ser realizado, no máximo, em uma semana e depois ser apresentado à unidade que desenvolveria o respectivo sistema informatizado.

Fizemos um belo trabalho – eu, que conhecia apenas métodos de modelagem, e a equipe que entendia do negócio –, e fomos empolgados para a reunião com o pessoal da TI. As coisas, no entanto, não correram como o esperado:

- Que tipo de modelo é esse que vocês estão nos trazendo?

- Um mapa do processo em estudo! – traz os valores a serem gerados, suas sincronias, os papéis assumidos por cada componente no sistema, os relacionamentos entre eles e, é claro, toda a descrição das regras de negócios envolvidas, decorrentes da decisão tomada pelo conselho diretor.

- Não é o que precisamos agora. Queremos apenas um fluxo de atividades, desde a demanda por uma operação financeira até sua conclusão. Depois iremos modelar as regras de negócio.

O colega nem se deu conta do absurdo que estava falando. Em primeiro lugar, o tal fluxo que ele desejava receber estava contido no modelo que entregamos – mas este possuía muito mais informações. Em segundo lugar, para que esperarmos um tempo futuro para colher aquilo que os especialistas da área financeira já tinham condições de registrar? E, por último, por que os analistas de TI é que deveriam modelar as regras do negócio "financeiro"? Não deveria ser a equipe negocial?

O colega tecnológico, perdido na surdez de seu conhecimento específico, provavelmente achava que os processos – assim como as brigas – não tinham regras...

Tempos (pra lá de) modernos

"Tempos Modernos" é um dos grandes filmes de Charles Chaplin e certamente sua cena mais marcante é aquela em que o personagem interpretado por ele cai nas enormes engrenagens da fábrica em que trabalhava. É uma contundente e ao mesmo tempo lírica crítica à excessiva mecanização do trabalho e das relações humanas, em um tempo em que o próprio Chaplin se negava a aderir à modernização da indústria cinematográfica e insistia em manter mudos os seus filmes.

Há, no entanto, uma honrosa concessão ao som em "Tempos Modernos", na sequência em que o trabalhador canta para uma plateia. A cena é excepcional: para lembrar-se da letra da canção, Chaplin a anota nos punhos de sua roupa mas, em um de seus movimentos, acaba por perder sua "cola" e tem de improvisar as palavras. Sua agonia ao ver o chão fugir de seus pés é um dos grandes momentos do filme.

Quando alterávamos o método de abordagem de processos em minha passagem na gerência de nosso escritório de soluções, pedi ao grupo de consultores que nos assessorava que eu fosse o primeiro a passar pelo movimento de mudança - queria aplicar o remédio em nossa unidade, para saber a partir de qual dosagem ele poderia converter-se em veneno...

Então, em um fim de tarde, estava reunido com um grupo de três consultores externos, pronto para iniciar a modelagem do processo de "desenvolvimento e implementação de soluções empresariais˜. Não estava, porém, preparado para o que iria ocorrer:

- Primeira pergunta: qual o valor que o processo do escritório entrega à organização?

Estava acostumado a mapear um processo a partir da solicitação - e não da entrega. Achei a pergunta um pouco estranha, mas não perdi a calma:

- Fácil! - é só olhar as normas internas. O valor entregue são "soluções empresarias desenvolvidas e implantadas". Podemos agora mapear o fluxo de atividades?

Os consultores se entreolharam sorrindo. O coordenador do grupo voltou à carga:

- Olha, do jeito que você descreveu não nos ajuda muito - na verdade, pouco auxilia a você mesmo. O que são soluções desenvolvidas e implantadas? São modelos desenhados? São melhorias implementadas? São sistemas automatizados, competências adquiridas, cultura de gestão disseminada? Ou é tudo isso junto?

Eu estava completamente desnorteado.

- Além disso, quais as características de validade que tornam as tais soluções úteis para a organização? Você conhece as necessidades do seu público-alvo? Sabe se o tempo que você leva para entregar a solução é compatível com o esperado? Os custos são condizentes com o que foi planejado?

- Não sei boa parte dessas respostas - afirmei.

- Ótimo! Já é um bom começo. Então, busque essas informações com quem sabe e amanhã continuamos.

Saí grogue da reunião. Fui atrás dos dados que precisava e, no dia seguinte, outras demandas surgiram. Um leve desespero quase tomou conta da situação ao ver que, na primeira semana de trabalho, meu mapa continha apenas um valor (resultado, entrega) modelado e sua qualificação.

Foi aí que meus pés voltaram a pisar o chão - eu havia compreendido o método!

Uma vez que tinha uma boa visão (senão a certeza) do resultado que eu precisava gerar, podia começar imediatamente a gestão do meu processo, verificando a diferença entre o que era necessário e o que já possuía na unidade. Seria muito mais fácil identificar insumos, referências, recursos de infraestrutura e sincronizá-los, podendo gerar - se preciso - meus modelos de processo a partir dos valores pretendidos.

Os mapas foram sendo construídos muito mais enriquecidos e com a participação dos envolvidos no processo, porém pouco se assemelhavam à minha vontade original de registrar um fluxo de atividades.

Afinal, como "Tempos Modernos" já nos ensinou, seres humanos não são máquinas...

A História, como farsa

Há uma frase de Karl Marx de que a História se repete primeiro como tragédia, depois como farsa. É provável que todos nós tenhamos vivido "a mesma" situação repetidas vezes em nossas vidas, nunca exatamente como o enredo original, mas com requintes contextuais - por exemplo, projetos que são tratados como novidade apesar de você ter guardada uma cópia de um similar que foi abandonado há cinco anos atrás.

Em 2007 eu coordenava um escritório central de projetos de modernização de processos e estávamos incorporando novos método, ferramenta e forma de atuar junto às unidades negociais da empresa. Uma das primeiras iniciativas sob tal enfoque consistia na atualização tecnológica de um grade sistema de concessão de empréstimos, a maior carteira do Brasil no segmento. E foi aí que a tal repetição da história ocorreu...

Cerca de vinte e cinco anos antes meu pai havia sido o chefe daquela unidade de empréstimos e enfrentara uma atualização de plataforma tecnológica do sistema automatizado. O trabalho já durava alguns meses e um dia um dos funcionários de sua equipe veio se queixar da complexidade do projeto em curso:

- Puxa, a coisa toda é muito difícil! Temos cerca de dois milhões de alternativas distintas a serem tratadas pelo programa.

- Como assim? Se a carteira global de contratos tem cerca de um milhão de contas, como o programa pode ter um número maior de casos para tratar?

Mais de duas décadas depois, o mesmo problema estava sendo discutido pelas equipes envolvidas no projeto. A premissa tradicional que os consultores de processos e de TI adotavam levava a tais percepções distintas. Uma forma de abordar o problema era considerar que todo contrato assinado era "igual", pois se refere ao mesmo tipo de empréstimo. Apesar de funcionar bem em um primeiro momento, tal representação é um pouco afastada da realidade, e isso fica mais claro quando começamos a refletir que, embora sendo contratos da mesma carteira, os dados individuais são específicos, assim como as condições que começam a ocorrer quando da vida propriamente dita dos contratos. Por exemplo, eu e você podemos assinar um contrato sob as mesmas condições na mesma data e na mesma agência bancária, mas meus dados pessoais são diferentes dos seus. Além disso, digamos que um ano depois da assinatura eu consiga um desconto especial na Justiça ao qual você não tem direito, ao passo que você resolve amortizar algumas parcelas finais e modifica o seu saldo devedor. Falando claramente, a forma mais correta de modelar tal processo é considerar cada um dos contratos como um elemento paralelo aos demais, sendo que o limite para tal complexidade acaba sendo, de fato, o número de contratos existentes na carteira. Neste caso, seria impossível termos mais condições distintas que a própria quantidade total de empréstimos.

Voltamos, assim, àquele ponto em que devemos decidir qual a melhor forma de representação dos processos (que depois serão automatizados): um simples fluxo de atividades que considera "tudo farinha do mesmo saco" - por exemplo, dez atendentes em um balcão como sendo clones perfeitos um do outro e um milhão de contratos exatamente iguais - ou uma rede de relacionamentos que permite a identificação e a gestão das diferenças observadas no mundo real.

Pode ser mais difícil modelar, mas a última alternativa costuma dar melhores resultados.

Cacofonia na organização

Quando comecei a trabalhar com gestão de processos tínhamos um escritório de soluções empresariais (excelente nome, pois era voltado aos resultados, e não a métodos / instrumentos como processos, projetos, planos, etc) ligado diretamente à Superintendência de Estratégia de nossa organização. Éramos um grupo de trinta consultores internos que receberam formação teórica e prática em melhorias de processos, visando à alavancagem dos resultados das áreas de negócios da empresa.

Estávamos em 1999 e lembro que o método que usávamos partia do princípio de que sempre trabalharíamos em projetos de otimização de processos. Assim, tínhamos um conjunto de documentos que orientavam nossa ação junto às equipes especialistas nos vários assuntos que a organização conduzia. Tudo se iniciava com a redação do famoso RPP - Relatório de Planejamento de Projeto.

O RPP era firmado entre a área responsável pelo processo em estudo e pelo escritório de soluções e sua estrutura continha diversos campos, tais como:

- os limites do processo em estudo;
- os atores que interagiam no assunto;
- os resultados que deviam ser alcançados e seus respectivos indicadores;
- os objetivos do projeto (e os objetivos do processo);
- as possíveis limitações e demais diretrizes;

- riscos associados;
- contingências.

Por volta de 2003 o escritório de soluções incorporou uma célula de gerenciamento de projetos estratégicos, baseada nas referências metodológicas do PMBOK, o corpo de conhecimento em gestão de projetos editado e atualizado pelo Project Management Institute. E foi então que passamos a conviver com uma certa "esquizofrenia" organizacional...

Dois terços (ou mais) de nossa equipe de consultores continuavam a trabalhar em projetos de otimização de processos, com objetivos de melhorar os resultados organizacionais, usando técnicas, instrumentos e ferramentas orientadas pelo método Rummler & Brache de otimização de processos. O restante dos consultores utilizava técnicas, instrumentos e ferramentas baseadas no PMBOK, também atuando em projetos para melhorar os resultados organizacionais em questões altamente estratégicas. Porém, tão empolgadas que estavam com suas respectivas cartilhas metodológicas, as duas equipes não conseguiam enxergar o óbvio: 90%, no mínimo, do que faziam eram a mesma coisa, apenas com outros nomes de batismo. Além disso, poucos se recordavam, em sua rotina diária, de que estavam ali para "desenvolver e implantar soluções empresariais", não importando qual a abordagem que estava por trás.

Tente encaixar os itens mencionados acima nas áreas de conhecimento e nos processos do PMBOK e você verá como a afinidade é muito maior do que se pensa!

Devemos ficar muito atentos para modismos e para nossa natural tendência de nos apegarmos tanto aos meios, que esquecemos os fins.

E integrar ao máximo as linguagens e as "tribos" que vamos criando em nossos arranjos institucionais.

O milagre

Virou lugar comum dizer que atualmente o cinema argentino é melhor que o produzido no Brasil. Apesar de ser um admirador da produção nacional, não vejo qualquer contradição em concordar com a afirmação. Nossos "hermanos" têm de fato lançados títulos muito bons, tanto do ponto de vista técnico (fotografia, planos inovadores, tecnologias de filmagem) quanto dos roteiros escolhidos. Meus favoritos dessa safra são "Nove Rainhas" e "O Segredo dos Seus Olhos", não por coincidência, ambos com o astro Ricardo Darín. Darín parece ter "rosto de cinema", como estrelas do porte de Cary Grant e Harrison Ford - sua presença em cena é quase uma certeza de que algo de bom virá.

Da mesma forma, outra afirmação que se faz relativa ao cinema brasileiro é a de que ainda estamos devendo um grande filme de nossa maior paixão esportiva, o futebol. Algo semelhante era dito a respeito de corridas de automóveis, mas o excelente "Rush" (2013) preencheu essa lacuna, narrando a espetacular disputa entre James Hunt e Niki Lauda pelo título de Fórmula 1 de 1976.

Tropecei casualmente no filme "Miracle" (em português, "Desafio no Gelo"), disponível no Netflix. Reconta a história do time norte- americano de hóquei sobre o gelo e sua histórica conquista da medalha de ouro nas Olimpíadas de Inverno de 1980. Kurt Russell vive o treinador Herb Brooks, que conduz a equipe à vitória frente aos soviéticos depois de vinte anos de hegemonia deles no esporte.

É um típico filme de coragem e superação e nem dá para dizer que há surpresas quanto ao seu resultado final. Porém, algumas falas do treinador logo no início fizeram-me ter a ideia de escrever este texto. Herb é chamado para "não fazer feio" nos jogos, pois a própria direção da associação de hóquei não acreditava na possibilidade de sucesso - mas os jogos seriam nos Estados Unidos e um vexame devia ser evitado. Eram tempos de guerra fria, orgulho nacional ferido e também de separação entre jogadores profissionais e amadores - somente estes poderiam ser recrutados para os Jogos.

Herb surpreendeu a todos ao afirmar que não precisava necessariamente dos melhores jogadores individualmente - mas daqueles que usassem seus grandes talentos a favor de um objetivo comum a ser construído. Outra de suas afirmações marcantes foi a de que o time soviético era fenomenal porque dispunha de grande técnica (jogava artisticamente), de compromisso mútuo e atacava o adversário durante toda a partida. Assim, em sua visão, a única forma de enfrentá-lo seria jogar da mesma maneira, em vez de se manter na defesa. A ousadia e a busca da excelência fizeram a história ocorrer.

Gosto das metáforas esportivas para falar de processos e uma das coisas que mais me incomodam no tema é a excessiva valorização de "processos como sequências de atividades". Lógico que durante todo o treinamento da equipe norte-americana de hóquei houve muita intensidade física e repetições de procedimentos, mas sempre a favor do elemento humano dos processos, do objetivo comum, do sentimento de grupo, da integração dos talentos individuais e da arte escondida por trás do esporte. Em nossos modelos de processos devemos registrar, sim, as atividades presentes, mas nunca desconsiderar aquele outro lado que também está envolvido, as características humanas que fazem as sincronias ocorrerem, as decisões a serem tomadas de acordo com o previsto, os resultados serem alcançados e, principalmente, os valores a serem gerados aos indivíduos.

Enquanto isso, continuamos esperando por um grande filme brasileiro de futebol.

Um golaço de estratégia

Tenho um amigo que é um verdadeiro gênio da estratégia – embora talvez não tenha conhecimento disso, correndo riscos exagerados e muitas vezes se dando mal em seus projetos.

Assim que entramos na universidade, nossa turma de amigos começou a crescer exponencialmente: ao invés de perdermos contato com os colegas de escola quando cada um foi fazer seu curso, até mesmo em faculdades diferentes, tivemos um momento privilegiado de conhecer novas pessoas e as agregarmos ao nosso convívio. Um desses grupos que se fez aumentar foi o dos amigos que se reuniam, todos os sábados, para jogar futebol.

Um de nossos conhecidos tinha uma casa no alto de uma colina e um terreno maravilhoso com um bem-cuidado campo de grama que costumava fazer a nossa alegria, em campeonatos memoráveis que duravam algumas semanas.

Porém, naquele início de ano ainda não tínhamos observado nenhum movimento, fosse dos donos da casa, fosse de nossa turma de atletas semanais, de que a diversão iria continuar. Em um belo sábado de manhã, estávamos três amigos a conversar outros assuntos quando o gênio estratégico deu a ideia:

- E se abríssemos nossa temporada de futebol hoje à tarde?

- Como assim? O Fulano nem mesmo disse se o campo está em condições de jogo...

- Isso é o de menos! Venham comigo!

Dito isso, ele começou a ligar para cerca de trinta de nossos amigos, um a um, confirmando a primeira rodada do campeonato para as duas da tarde daquele mesmo dia. Cada um que recebia a ligação ficava eufórico e confirmava sua participação, gerando a expectativa de jogos disputadíssimos e de muita diversão.

Só havia um pequeno problema: o dono da casa não havia sido informado.

Por volta das onze horas – ou seja, faltando menos de três horas para a hora marcada para os jogos –, entramos em seu carro e rumamos alucinadamente para o "estádio". Fomos muito bem recebidos por nosso amigo e por sua família, sendo convidados para entrar e pôr o papo em dia.

O relógio corria e nossa ansiedade era grande – será que o plano daria certo ou teríamos de desmarcar todos os contatos feitos anteriormente?

O gênio, porém, estava tranquilo:

- Puxa, Fulano, que beleza de campo, hein? A pausa das férias foi ótima para a grama – está um verdadeiro tapete! Dá até vontade de voltarmos a jogar assim que for possível...

- É verdade, também já estou me coçando para que as partidas recomecem. Quem sabe podemos pensar nisso, hein?

- Hoje à tarde??? Pode ser – apesar de ser arriscado, aposto que todos já voltaram de viagem e aceitariam de pronto o convite.

- Será que dá tempo?

- Hum, se começarmos a ligar agora e formos rápidos há chance de dar certo. Deixe comigo, tenho em casa a lista completa do pessoal. Preciso ir agora, Fulano – não há tempo a perder. Até mais tarde! Que tal marcarmos lá pelas duas horas?

E foi assim que, na hora combinada, o campeonato de futebol recomeçou com um número nunca antes visto de atletas...

Definir bem seus objetivos, qualificá-los e começar a vivê-los – antes mesmo de sua existência – é uma arte que facilita demais a vida de nossos processos reais. Quantas e quantas vezes depois daquele sábado observei pessoas brilhantes – e eu mesmo fiz o mesmo em diversas oportunidades – falando de projetos como se eles já estivessem acabados mas que, na verdade, só alcançaram o devido sucesso porque a paixão contida na comunicação conquistou a todos imediatamente, fazendo com que um vendaval de soluções e de entusiasmo começasse a se formar, resolvendo questões para as quais sequer tínhamos uma pista do caminho a ser seguido.

A solução sempre já existia – apenas não sabíamos que ela se encontrava lá...

Processos em qualquer situação?

Aproveitei um feriado para participar em Belo Horizonte de uma conversa a respeito de processos com um grupo de trinta pessoas, a maioria oriunda da área de Saúde. Elas trabalham em uma unidade que vem aperfeiçoando a gestão interna e há um grande interesse em aprofundar a gestão dos processos internos, ainda mais em um setor em que o sucesso ou fracasso das ações traz consequências sensíveis e de grande impacto.

A reunião foi excelente e pudemos compartilhar nossas experiências e, de fato, trocar conhecimentos que todos traziam. Saímos maiores do que quando começamos o encontro.

Duas questões em especial chamaram minha atenção durante a sua realização:

* quando participamos de grupos que não são aqueles que naturalmente temos contato, nossa possibilidade de encontrar visões de "fora da caixa" aumenta substancialmente, quer as pessoas tenham ou não um conhecimento ou uma formação específica no tema. Na ocasião, pelo menos em duas vezes fui surpreendido por discussões em que ideias sofisticadíssimas de gestão de processos surgiram antes que tivessem sido sequer apresentadas. Por exemplo, um dos presentes intuiu que uma abordagem de gestão de processos que busca estimular as pessoas a descreverem as características dos resultados a serem gerados de forma positiva, ao invés do clássico

paradigma de buscar as desconexões do modelo atual, promove um ambiente muito mais saudável entre as equipes e as impede de viver continuamente o passado que se quer abandonar. Em outro momento, uma participante mencionou que na área de Saúde - como, de resto, em qualquer campo da atividade humana - muitas vezes temos a geração de um valor indesejado (por exemplo, quando uma célula saudável sofre uma mutação para uma célula doente, a partir de algum desequilíbrio no "processo" natural das coisas), e se isso poderia ser tratado nos modelos que estávamos construindo. A resposta foi afirmativa - existe um princípio fundamental da moderna gestão de processos que diz que devemos estar atentos aos resultados chamados "duais", ou seja, aqueles que podem ocorrer em oposição ao previsto. É um pouco aquilo que discutimos quando falamos dos fenômenos ditos "cisnes negros" - não podemos impedir seu surgimento, mas podemos estar preparados para aproveitar a sua existência da melhor forma.

* na empolgação da reunião, uma colega abriu a tela de seu celular e mostrou o chamado "mapa metabólico" de reações químicas, fazendo um paralelo com um diagrama genérico de processos que mostrávamos naquele momento. Em sua (correta) análise, a forma de ampliarmos a visão de processos de uma simples sequência de atividades para um modelo que sincroniza insumos (a serem transformados), referências (o que deve ser seguido) e recursos de infraestrutura (o que será consumido na transformação)

permite que tal abordagem seja aplicável a qualquer fenômeno em estudo. Apesar de ser totalmente estranho ao tema, entendi que o mapa metabólico é um mapa de processos em que temos os vários componentes que serão transformados, segundo um código biológico que orienta as reações químicas e consumindo energia armazenada em moléculas que trazemos no corpo, visando a, por exemplo, produzir uma determinada proteína. Caso a sincronia esperada não ocorra - ou ocorra em condições distintas do previsto -, podemos observar a falta daquela proteína no organismo e/ou a sua construção deficientes, ocasionando desequilíbrios e, em última análise, as doenças.

Se você tiver curiosidade, vá à Internet e dê uma olhadinha em imagens representando um processo complexo de gestão e um mapa metabólico de reações químicas, e veja se ela não tinha razão.

Nenhum a menos

Zhang Yimou é dos mais badalados diretores contemporâneos do cinema chinês. É o responsável por obras como "Lanternas Vermelhas", "O Caminho para Casa" e "Flores do Oriente", que vi maravilhado pelas cores fortes, enredos envolventes e retrato de aspectos da vida cotidiana chinesa. Além de tudo, Yimou foi casado com a estrela Gong Li que brilhou em vários de seus filmes.

Em "Nenhum a Menos", Yimou adapta para as telas uma história real de grande apelo: o único professor existente na vila de Shuiquan precisa resolver questões familiares e se ausenta da escola que dirige, deixando a jovem Minzhi, de treze anos, tomando conta dos alunos menores. Como houve um êxodo recente de alunos atraídos pela possibilidade de trabalho em centros urbanos, o mestre combina que dará um bônus a Menzhi se quando ele retornar todos os estudantes estiverem presentes.

O problema é que o menino Zhang Huike decide tomar o rumo da cidade, o que leva Menzhi a realizar uma verdadeira epopeia para levantar condições, locomover-se até Zhangjiakou e correr atrás do seu aluno desgarrado. Perto do fim do filme, Menzhi lança mão de um recurso extremo e participa de um programa de TV que discute a questão da educação rural chinesa. É quanto Huike, que perambula pelas ruas esmolando para comer, a vê e o reencontro entre os dois acontece. A emissora promove o retorno de todos à vila e presenteia os estudantes com recursos para a melhoria das condições – como, por exemplo, caixas de giz coloridos para que usem sem o racionamento que havia na região.

Outra história interessante de inclusão é a crônica "Tios", de Luis Fernando Verissimo (sempre ele...). É dividida em duas partes – uma delas dedicada à descoberta da mentira que o tio Dedé carregou por toda a vida, quando a TV resolve passar um velho filme na sessão da tarde. Na outra parte, o que se revela é o mistério do Tio Paulito, sempre calado e desprezado nas reuniões de família até que a sobrinha adolescente chega em casa com a notícia de que, em um encontro da juventude esquerdista, Luís Carlos Prestes o reconheceu como um grande amigo, de importância vital para os rumos do país. Na próxima vez que encontram o Tio Paulito, o olhar de todos é de admiração – de ignorado ele passara à condição de mito...

Uma gestão de processos que reconhece o ser humano – e não as sequências de atividades – como o ponto central de sua existência, comporta-se tal qual o filme de Yimou ou a crônica de Verissimo: todos são importantes e devem ser reconhecidos, mesmo sendo diferentes. Uma das recordações mais emocionantes que tenho ao trabalhar com processos ocorreu quando modelávamos uma unidade composta por cerca de cento e vinte colaboradores. Em um primeiro momento, pedimos que cada um descrevesse, individualmente, os resultados de seu trabalho. Na segunda semana, passamos a juntar as equipes e pedimos que cada pessoa tornasse explícitas suas contribuições, para que os outros pudessem reconhecer e identificar aqueles que faziam parte de suas cadeias de valor. Foi então que um dos colaboradores mais calados e desconhecidos de todos foi visto como imprescindível para o processo global: cerca de noventa por cento de seus colegas não sabiam que uma poderosa análise diária era fruto do trabalho de alguém que estava na mesa ao lado e uma vez que tal conhecimento surgiu, todos perceberam como tal documento auxiliava o alcance dos resultados.

O Tio Paulito havia sido descoberto...

"Watching the wheels"

O álbum "Double Fantasy" de John Lennon nasceu do retorno da vontade de compor e de gravar que o ex-beatle começou a sentir após cinco anos em que resolveu "ficar em casa, assar o pão do dia-a- dia e cuidar do filho", enquanto Yoko assumia o controle dos negócios

Uma temporada de férias nas Bermudas foi o suficiente para que uma onda criativa tomasse sua mente e eram frequentes os telefonemas para a esposa a qualquer hora a fim de mostrarem mutuamente as canções que começavam a criar. A ideia de uma conversa de casal permeia todas as faixas, que vão se sucedendo intercaladas – uma música de John, outra de Yoko – até o fim.

Como em toda a obra de Lennon, em "Double Fantasy" há verdadeira gemas preciosas: "Starting Over" tornou-se um hit instantâneo ao celebrar a redescoberta do amor conjugal, "Beatiful Boy" traz uma emocionante conversa entre pai e filho – com o adulto afirmando ser a vida "aquilo que ocorre contigo enquanto se está ocupado fazendo outros planos" – e "Watching the Wheels" fala do artista olhando as engrenagens do show-business de fora, ao mesmo tempo em que as pessoas o julgam por ele "não ser mais o cara".

No meio da canção, Lennon faz uma afirmação memorável, quando vê que todos à sua volta estão confusos: "eu digo a eles que não há problemas, só soluções".

Boa parte – senão a maioria – de nossos métodos e abordagens de gestão gostam de tratar problemas, de viver as disfunções. Há realmente uma "cultura da doença" instalada em nossa sociedade, que acaba por considerar saúde como a ausência da doença – e não um estado superior de bem-estar e de realização. As formas tradicionais de promover melhorias em processos de trabalho, invariavelmente, trazem etapas desgastantes de observação e registro de uma situação atual e discussão profunda daquilo que não está funcionando bem. Ao procedermos assim, além de consumirmos um tempo precioso que não dispomos, ficamos bloqueados pelo legado em nossa criatividade de propor inovações e de "baixo astral" ao perceber que as coisas não funcionam como desejávamos.

Certa vez, um médico amigo nosso foi passar férias em Cabo Frio e, depois da praia, resolveu almoçar em um dos restaurantes à beira- mar. Para acompanhar o prato, pediu um refrescante suco de laranja, com a recomendação de que fosse servido sem açúcar.

Quando já havia bebido a metade do suco, percebeu um grosso colar de açúcar repousando no fundo do copo. Revoltado, chamou o garçom e foi reclamando:

- Mas eu não havia pedido "suco de laranja sem açúcar"? Eu sou diabético, posso morrer com essa quantidade que você misturou no meu copo!

- Ah, e eu ia saber, doutor? A laranja veio tão azeda, mas tão azeda, que se eu servisse o suco sem adoçá-lo, aí sim o senhor é que ficaria azedo...

Outro amigo médico diz que a melhor saída para um caso desses é "apostar na doença". Explicando melhor: se você resolve investir na saúde e, por exemplo, passar a não comer um determinado alimento porque acredita que ele não é a melhor opção para nutri-lo, a chance de uma surpresa como a da história do garçom é bem alta. As pessoas vão considerá-lo estranho e fazer mil perguntas, tornando sua vida mais complicada do que deveria ser.

Porém, se você "apostar na doença", tudo ficará bem. É só responder ao lhe perguntarem o porquê de não provar aquele determinado prato:

- Não posso comer, tenho uma doença grave que pode até me matar se eu ingerir um pouquinho que seja da comida. Obrigado.

Claro que se trata uma brincadeira e de um exagero – mas tente você inverter a lógica do seu próximo trabalho de gerenciamento de processos e, em vez de problemas, modelar soluções. Identifique os resultados pretendidos pelo processo e comece imediatamente a registrar quais seriam as características "de saúde" que eles deveriam apresentar, ou seja, o que eles precisariam conter para servirem aos que deles vão se utilizar. É muito diferente eu dizer que tenho uma "gastrite moderada que me impede de beber refrigerantes e que me faz tomar três comprimidos ao dia de um determinado remédio" que eu pensar na minha saúde plena e que, para isso, é preciso "dormir um mínimo de oito horas por noite, fazer refeições contendo folhas verdes, caminhar ao menos quarenta minutos por dia e ter ótimas relações familiares e com os amigos".

Aposte na solução e na felicidade, pois como também dizia John Lennon, "perguntaram-me o que eu queria ser quando crescesse, e eu respondi: - Feliz."

O autor

  Bruno Palvarini é mestre em Engenharia Elétrica pela Universidade de Brasília e atua com gestão de processos desde 1998. Foi consultor de processos, gerente de padrões e gerente nacional do escritório central de processos e projetos da Caixa Econômica Federal, entre os anos de 1999 e 2007. No Ministério da Economia do governo brasileiro, atuou como assessor e diretor de unidades e programas como o Programa Nacional de Gestão Pública e Desburocratização – GesPública – e o escritório de projetos para modernização da gestão pública.

  É casado com a Cláudia Quezado e pai do Felipe e da Luísa, todos co-autores de vários de seus livros e parceiros na vida.

  Adora viajar e tem paixão por temas como alimentação saudável, esportes, música e entretenimento. É fanático por Beatles, Tom Jobim, Chico Buarque, Luis Fernando Verissimo, Woody Allen e Monty Python, entre outros.

Conheça mais em http://www.brunopalvarini.com

Gostou deste livro?

Se você puder deixar uma avaliação deste livro na página da Amazon. Será ótimo saber a sua opinião.

Outros títulos do mesmo autor

GESTÃO DE PROCESSOS VOLTADA PARA RESULTADOS (com Cláudia Quezado) - Um guia simples e direto contendo os fundamentos de uma gestão de processos voltada para resultados. Os autores partem de suas experiências de cerca de quinze anos trabalhando com gestão de processos para demonstrar os pontos principais que devem ser considerados em projetos e iniciativas relacionadas ao tema. Orientação real aos valores gerados, inovação e criatividade, envolvimento dos participantes, ciclos de gestão reduzidos, menor custo, maior fidelidade na representação e na tomada de decisão e orientação a uma perspectiva humanista são alguns dos tópicos abordados na obra. São comparados os mais relevantes aspectos entre métodos tradicionais e a abordagem voltada para resultados, com apresentação de exemplos relativos a áreas distintas do conhecimento.

SEM TEMPO A PERDER - Alex tem apenas dez horas para preparar uma proposta de gestão de processos para seu chefe, elaborar um trabalho acadêmico e salvar seu casamento. Atônito, conta com a ajuda do experiente Paiva para vencer seus desafios. Conseguirá cumprir o prazo?

MÍSTER MUNDO: JORGE JESUS, O FLAMENGO E O INCRÍVEL ANO DE 2019 – A revolução causada em menos de um semestre pelo treinador português que ousou desafiar - sem fazer esforço ou criar conflitos - as crenças cristalizadas do futebol brasileiro. Ganhar jogando bonito e ofensivamente. Bater recordes de desempenho. Não poupar jogadores desnecessariamente. Utilizar marcação alta. Atuar intensamente durante todo o jogo. Levantar uma Libertadores e um Brasileirão no mesmo fim de semana. Jorge Jesus, o Míster, tornou-se a principal atração de um time recheado de estrelas, que voltou a conquistar títulos expressivos após um longo inverno, e transformou em realidade a velha brincadeira da torcida rubro-negra de sentir o eterno "cheirinho" da

 FLAMENGO: SONHOS DE UMA NOITE PRÉ-VERÃO - O período de maior brilho da história centenária do clube mais popular do País - e, por que não dizer, do mundo? -, contado em crônicas que vão além de uma simples paixão clubística. Refletem um caso de amor ao futebol, a mais perfeita metáfora que existe para a vida.

DROMEDÁRIO: O Brasil, as Copas do Mundo e um grupo improvável de subversivos - Durante uma conversa em uma praia do Caribe, histórias secretas dos bastidores das Copas do Mundo vão sendo reveladas. Será tudo verdade? Quais os interesses por trás de cada título conquistado ou perdido pela Seleção? O que os dezessete leitores do Verissimo têm a ver com isso?

O MUNDO É UMA ESCOLA (Com Cláudia Quezado, Felipe e Luísa) – Crônicas de viagens e 13 lições que aprendemos com nossos filhos enquanto dávamos a volta ao mundo em família. Do Egito ao Panamá, passando por China, Estados Unidos, Japão, Inglaterra, França, Itália e vários outros países que tinham algo a nos ensinar.

MELHOR A CADA DIA – Doze amigos recebem uma garrafa de Klein que é a chave de um mistério. Se conseguirem resolver o desafio em 30 dias receberão um prêmio-surpresa que se anuncia fantástico. Phillip, Louise e seus companheiros terão de usar seus conhecimentos e suas habilidades para descobrirem o que uma lista no Spotify contendo 366 músicas dos Beatles têm a ver com o "enigma de Ajimu".

www.ingramcontent.com/pod-product-compliance
Lightning Source LLC
Chambersburg PA
CBHW030817180526
45163CB00003B/1319